Linux技術者のためのC言語入門

はじめに

　本書は"「C言語」の再入門を行う"ための書籍です。

　「C言語」をまったくゼロから学ぶための書籍ではなく、「過去にC言語を学んだことがあるが久しく離れていた」、「業務でC言語を使っているが改めて学び直したい」という方々をターゲットとした書籍となります。

　読者層としては、「組み込み技術者」(組み込みLinux)を想定していますが、「C言語」を扱う開発案件に携わる方も対象範囲に含まれます。

　ここ10年～15年くらいで、ソフトウェア開発が多種多様となり、「開発言語」も多数登場し、プログラマの学習コストが増えたことは事実です。

　そのため、同じ会社の中でも様々な開発案件が存在し、それぞれで使う「開発言語」が異なる、という風景も一般的になりました。

　「組み込み系」であれば「C言語」。
　「サーバ・サイド」であれば「Java」。
　「フロント・エンド」ならば「PHP」や「Ruby」などで、最近では「Python」も人気があります。

　昔なら、ソフトウェアは何でも「C言語」で作っていた時代もありましたが、現在では「組み込み開発」で使われるぐらいです。

　周辺機器を製造しているところでは、「デバイス・ドライバ」の開発で「C言語」を使いますが、案件としてはあまり見掛けません。

　本書では「C言語」の基本的なところを復習して、過去に学んだ知識の再整理をしながら、開発の現場で役に立つノウハウを紹介していきます。

　本書で紹介するプログラムは、「Linuxディストリビューション」の「Fedora28」(Linuxカーネル4.16, gcc8.1, glibc2.27)で動作検証を行っています。
　そのため、本書で得た知識やノウハウは「組み込みLinux」だけではなく、一般的な「Linux」(x86およびx86_64)にも通用するよう配慮してあります。

　本書が読者の皆様の手助けとなれば、幸いです。

2018年10月　平田 豊

Linux技術者のためのC言語入門

CONTENTS

はじめに……………………………………………………………………………………3
サンプル・プログラムについて………………………………………………………6
用語集について……………………………………………………………………………6

第1章　「C言語」の復習
[1-1]　動作環境…………………………………………………………………………8
[1-2]　基本文法のおさらい………………………………………………………9

第2章　コンパイルとリンク
[2-1]　2章の概要……………………………………………………………………62

第3章　printfの仕組み
[3-1]　3章の概要……………………………………………………………………76
[3-2]　printfの出力先…………………………………………………………85
[3-3]　カーネル空間でのprintf……………………………………………97

第4章　ファイル・システムの仕組み
[4-1]　4章の概要…………………………………………………………………110

第5章　排他制御
[5-1]　5章の概要…………………………………………………………………136
[5-2]　割り込み処理……………………………………………………………138
[5-3]　マルチプロセスでの排他制御…………………………………155
[5-4]　マルチスレッドでの排他制御…………………………………168

第6章　32bitと64bitの違い
[6-1]　64bitプログラミング………………………………………………188
[6-2]　「32bit」と「64bit」での変化点…………………………………191
[6-3]　「算術型」変換……………………………………………………………196
[6-4]　「定義ずみ」データ型…………………………………………………199
[6-5]　IOCTLシステム・コール…………………………………………208

第7章　「品質」の高いコーディング
[7-1]　ソフトウェアの「品質」………………………………………………224
[7-2]　コンパイラの最適化対策…………………………………………240

第8章　C89,C99,C11,C17の違い
[8-1]　C89,C99,C11,C17の違い………………………………………248

あとがき………………………………………………………………………………284
索引………………………………………………………………………………………285

「サンプル・プログラム」のダウンロード

本書の「サンプル・プログラム」は、工学社ホームページのサポートコーナーからダウンロードできます。

<工学社ホームページ>

http://www.kohgakusha.co.jp/support.html

ダウンロードしたファイルを解凍するには、下記のパスワードを入力してください。

6BtWM5NzZkvD

すべて「半角」で、「大文字」「小文字」を間違えないように入力してください。

「補足」と「用語解説」について

本書の補足および用語解説を行なっているPDFファイルを、工学社ホームページのサポートコーナーからダウンロードできます。
「用語解説」では、下記の例(太字+下線)のようになっている語句210項目に関して、解説を加えています。

重要用語210項目！
- Fedora
- Linux
- gcc
- glibc
- C言語
- 仮想化環境
- ゲストOS
- SRPM
- ftpサイト
- ハローワールド
- main関数
- printf
- include
- return
- 警告
- ポインタ
- 構造体
- 共用体
- メンバー参照
- 補数
  …など

《本文に太字+下線》
- glibc 2.27

「Fedora」は、Windows 10 ver OS」として動作させています
この「Fedora28」は、「2018/5/1
ストリビューションです。

《ダウンロードしたPDFの解説文》
- **Fedora**
  「Fedora」(フェドラ)は「Red Ha が「コア」となって開発している、無使える「Red Hat系」の「Linuxディス ビューション」のこと

「Linuxカーネル」のソースコードは、下記「The Linux Kernel Archives」いうサイトからダウンロードできます。

<工学社ホームページ>

http://www.kohgakusha.co.jp/support.html

ダウンロードしたファイルを解凍するには、下記のパスワードを入力してください。

6BtWM5NzZkvD

すべて「半角」で、「大文字」「小文字」を間違えないように入力してください。

●各製品名は、一般的に各社の登録商標または商標ですが、®およびTMは省略しています。

第 1 章

「C言語」の復習

本章では、「C言語」の基本文法について、業務開発でのポイントを押さえながら、知識を再整理します。

| 第1章 | 「C言語」の復習 |

1-1 　　　　　　　　　　動作環境

本書で紹介するプログラムは、以下に示す環境で動作確認をしています。
Linuxで動かすことを想定し、本書では説明をしています。

Fedora 28 (x86_64)
 - Linux カーネル 4.16.3
 - **gcc** 8.1.1
 - glibc 2.27

「**Fedora**」は「Windows 10 ver1803」の「Hyper-V **仮想化環境**」で「**ゲスト OS**」として動作させています。

この「Fedora28」は、「2018/5/1」にリリースされた、無償で使える**Linuxディ ストリビューション**です。

「Linux カーネル」のソースコードは、下記「The Linux Kernel Archives」と いうサイトからダウンロードできます。

---

https://www.kernel.org/

---

https://mirrors.edge.kernel.org/pub/linux/kernel/v4.x/linux-4.16.3.tar.xz

---

*

「**glibc**」は「The GNU C Library project」からダウンロードできます。

---

https://www.gnu.org/software/libc/

http://ftp.gnu.org/gnu/glibc/glibc-2.27.tar.bz2

---

*

「Fedora」の「ソース・パッケージ」(**SRPM**)は「**ftpサイト**」で配布されていま すが、一定期間を経過すると、ダウンロードできなくなるので、要注意です。

---

http://ftp.jaist.ac.jp/pub/Linux/Fedora/releases/28/Workstation/
source/tree/Packages/

[1-2]　基本文法のおさらい

　なお、本章で登場する「サンプル・コード」のうち行数が多いものはページの都合上、誌面にはすべては掲載せず、クラウド上にアップロードしているものがあります。

　それについては、工学社の「サポート・ページ」から「ソース・コード」を入手して、確認してください。

1-2　　　　　基本文法のおさらい

　本章では、「C言語の基本文法」についておさらいをしていきます。

　ただし、本書は初めて「C言語」を学ぶ方向けの本ではないので、「C言語の文法」をゼロからの解説はしません。（それだけで本が一冊書けてしまいます）

　「昔、教育機関や新人研修でC言語を習ったことがある」「C言語を使った開発に従事したことがあるが、久しくC言語を使っていなかったので、細かいところや勘所を忘れてしまった」といった方をターゲットとして想定しています。

　まずはじめに、本章を読んで、「C言語の基本文法」を思い出していただくための章です。

■ 最初の「プログラム」

　「サンプル・コード」を見ながら、「C言語のプログラム」はどのようにして記述するかを確認していきます。

＊

　まずは、定番の"hello, world."を表示させるだけのプログラムです。

　「**C言語**」の「プログラム」には、必ず「**main関数**」が必要で、「main関数」からプログラムが実行される。

　という理解は、正しくもあり、間違ってもいます。

　「main関数」が必要なのは、「アプリケーション・プログラム」であり、「ライブラリ」や「デバイス・ドライバ」には不要です。

9

第1章　「C言語」の復習

「アプリケーション・プログラム」というのは、「**ユーザー空間**」で動作するプログラムで、「シェル」上で動かすものであったり、「**バックグランド・デーモン**」として動かすものもあります。

*

「**printf**関数」で「標準出力」にメッセージを表示していますが、「標準関数」を使う場合は、「対応するヘッダファイル」を「include」する必要があります。

「include」しなくても「実行プログラム」は作れるのですが、「関数呼び出し」が期待通りに動かない場合があります。

「業務開発」では「品質」を重視されるので、「ヘッダ・ファイル」の「include」は必須としている現場がほとんどです。

*

「main関数」は「返値」が「int」となっているので、「**return**文」で「値」を返す必要があります。

「return文」の指定がなくても、「コンパイル」が通ってしまうところが「C言語」の恐いところではありますが(C99以降では0を返すことが保証されています)、コードは仕様通りに書くことが大切です。

「業務開発」では、「とにかくプログラムが動けばよい」、といういい加減な考え方は通用しません。

下記の「実行結果」で「コンパイル操作」も書いていますが、「-Wall」という警告を出力する「オプション」を付けるところも重要です。

「**警告**」は「エラーの予兆」であるため、すべての「警告」をなくすのが基本です。

「実行プログラム」は「デフォルト」で「a.out(Assembler Output)」という名前で「生成」され、「実行」するときは、先頭に「./」を付ける必要があります。

これは、"「カレント・ディレクトリ」にあるファイルを指定する"という意味で、「セキュリティ」的な観点からも、「./」の指定は必要とされています。

[helloworld.c]

```
/*
 * 最初のプログラム
 */
```

[1-2] 基本文法のおさらい

```c
#include <stdio.h>

int main(void)
{
    printf("hello, world.\n");

    return 0;
}
```

実行結果

```
# cc -Wall helloworld.c
# ./a.out
hello, world.
```

■ コーディング・スタイル

「C言語」の「**コーディング・スタイル**」は実にさまざまな種類が提唱されております。「開発プロジェクト」や「職場」によって採用されている「スタイル」は異なります。しかし、一般的には、「**K&Rスタイル**」が多いです。

これは「プログラミング言語C」という書籍で使われている「コーディング・スタイル」で、昔から現場では人気があります。

*

「関数」の「定義」の書き方ですが、「引数」は「変数」の「型」も合わせて一行に含めます。

[style_ansi.c]

```c
void sub(int val, char *name)
{
    printf("%d %s\n", val, name);
}
```

まれに、「引数」の「変数」の「定義」を行に分けて記載してある「コード」がありますが、この書き方でも「コンパイル」は通ります。

「ANSI C」(1989年)の策定以前の「古いプログラム」では、この書き方がさ

11

第1章　「C言語」の復習

れています。

　現在では、この書き方は推奨されていないですし、「業務開発」においても「コーディング・スタイル」として禁止されています。
　プロトタイプ宣言」で「型チェック・エラー」にならないからです。

[style_kr.c]

```c
void sub(val, name)
int val;
char *name;
{
    printf("%d %s¥n", val, name);
}
```

＊

以下は「1」から「10」まで数字を「足し算」する「プログラム」です。

「演算子」(「,」「=」「+=」など)の前後には「スペース」を入れています。
「スペース」を入れなくても「プログラム」としては間違いではないのですが、そのほうが見やすいからです。

「while」という「ループ文」においても、「(」と「)」の「丸括弧」の前後に「スペース」が入っているのも、同様の理由です。

「while文」の「ブロック」の始まり「({)」は、「while文」と同じ行に記載していますが、これは「K&Rスタイル」の特徴のひとつです。

「while文」の次の行に「ブロック({)」を書く「スタイル」もあり、「BSD/オールマンのスタイル」と言います。

「ブロック」の配置をどうするかといった議論としては、結論としてどちらでもいいです。
　しかし、職場によって「ルール」が厳密に決まっている場合は、職場の「ルール」に従う必要があります。

＊

12

[1-2] 基本文法のおさらい

「インデント」(字下げ)の「文字数」は「4」としており、「TABキー」で「挿入」しています。

「インデント」に関しても、「文字数」が「8」にする、「TABキー」ではなく、「スペース」で入れる、というふうに「ルール」が複数存在します。

＊

「コーディング・スタイル」に関しては、変にこだわりをもつと、「業務開発」ごとに、「文化」が異なる「スタイル」に対応することがストレスになります。柔軟に考えるのがいちばんです。

[style_example.c]

```c
/*
 * コーディングスタイル サンプル
 */
#include <stdio.h>

int main(void)
{
    int n, sum;

    n = sum = 0;
    while (n++ < 10) {
        sum += n;
    }
    printf("%d\n", sum);

    return 0;
}
```

■「変数」と「データ・モデル」

「変数」の「データ型」としては「整数タイプ」と「浮動小数点タイプ」があり、「業務開発」では「整数タイプ」を使うのがほとんどです。

＊

「データ型」にどんな種類があり、それぞれが扱える「数字の範囲」は確実に理解しておく必要があります。

このあたりの知識が曖昧だと、「プログラム」の「バグの原因」となることがあります。

第1章 「C言語」の復習

*

以下に「整数タイプ」の「データ型」について示します。

なお、「浮動小数点タイプ」については「float, double, long double」がありますが、「組み込み開発」での使用頻度が低いので、本書では割愛します。

型	バイト	範　囲
char	1	「-128〜127」or「0〜255」(*1)
unsigned char	1	0〜255
short	2	-32,768 〜 32,767
unsigned short	2	0 〜 65,535
int	4	-2,147,483,648 〜 2,147,483,647
unsigned int	4	0 〜 4,294,967,295
long	8(*2)	-9,223,372,036,854,775,808 〜 9,223,372,036,854,775,807
unsigned long	8(*2)	0 〜 18,446,744,073,709,551,615
long long	8	-9,223,372,036,854,775,808 〜 9,223,372,036,854,775,807
unsigned long long	8	0 〜 18,446,744,073,709,551,615

　注釈(*1)ですが、「char」は「コンパイラ」によって「符号付き」か「符号なし」か異なります。
　これは「ANSI C」の規格で「処理系依存」(動作を「コンパイラ」に任せる)とされているからです。

　とはいえ、ほとんどのかたは、「char」は「符号付き」であり、「-128〜127」であると理解していると想定されます。
　「char」だけが「例外」であり、実際「char」が「符号付き」であることが多いからです。

　「組み込み開発」でよく使われる「**ARM**」の「gcc」では、「char」が「符号なし」となっているため、下記の「プログラム」は2つ目の「if文」が「真」となります。

　「gcc」の「-fsigned-char」および「-funsigned-char」の「オプション」で、「char」の「符号の有無」を切り替えることもできます。
　しかし、「gcc」の「デフォルト設定」を変えると、それまで正常に動作したと

[1-2] 基本文法のおさらい

ころが動かなくなる危険性があるため、「影響範囲」を確実に確認しておく必
要があります。

　通常は膨大な量の「プログラム」に対して「影響範囲」を確認することに手間
暇かけられません。
　そのため、「コンパイラのデフォルト設定は変えない」のが現実的です。

[char_pitfall.c]

```c
/*
 * charの落とし穴
 */
#include <stdio.h>

int main(void)
{
    char c;

    c = -1;
    if (c < 0) {   // -fsigned-char
        printf( "%d は負数です¥n" , c);
    }
    if (c > 0) {   // -funsigned-char
        printf( "%d は正数です¥n" , c);
    }

    return 0;
}
```

　注釈(*2)は「long型」の「サイズ」についてです。

　ここでは「8バイト」となっており、実質「long long型」と同じ「サイズ」になっ
ています。
　そのため、「long型」との使い分けがよく分からないところがあります。
　これは、「32bit」から「64bit」へ移行する過程での歴史的な経緯から来てい
ます。

　「64bit」がまだ登場する前は「32bit」しかありませんでした。
　そのため、「変数」の「サイズ」は「4バイト」までであり、特別に「32bit」以上

15

第1章　「C言語」の復習

の「数値」を扱いたい場合の手段として「long long」という「8バイト型」が用意されていました。

　「64bit」の時代に入ると、「**ポインタ**」の「サイズ」が「4バイト」から「8バイト」に拡張されました。
　そのため、「ポインタ」(メモリのアドレス)を格納できる「変数」として「long」が「8バイト」に拡張されることになりました。

　「long long」は2倍の「16バイト」にはならず、「8バイト」で据え置きです。
　すでに「32bit」向けに作られた「プログラム」に対して、「型」の「サイズ」を軒並み変更すると「プログラム」への影響が大きすぎるため、極力変えない、という考え方によるものです。

　「型」の「サイズ」は「C言語」の「仕様」で明確に規定されているわけではなく、「コンパイラ」によって決まります。
　「32bit版gcc」と「64bit版gcc」の「型」の「サイズ」は、「long」と「ポインタ」のみが変わり、それら以外は同じです。
　これを「データ・モデル」が「**LP64**」であると言います。
　「LP64」は「long」と「pointer」が「64ビット」という意味です。
　なお、「Microsoft」の「**Visual C++**」では「データ・モデル」がILP32(LLP64)であるので、「long」は「4バイト」のままとなります。

型	32bit版gcc	64bit版gcc
char	1バイト	1バイト
short	2バイト	2バイト
int	4バイト	4バイト
long	4バイト	8バイト
long long	8バイト	8バイト
ポインタ	4バイト	8バイト

　「sizeof演算子」を使うと「コンパイラ」が既定している「サイズ」が分かります。

[1-2] 基本文法のおさらい

[var_types_int.c]

```c
/*
 * 変数のデータ型
 */
#include <stdio.h>

int main(void)
{
    char c;
    short s;
    int i;
    long l;
    long long ll;
    void *pv;
    int *pi;
    long *pl;

    /* 整数型のサイズ */
    printf("char %d short %d int %d long %d long long %d\n",
            sizeof(c), sizeof(s), sizeof(i), sizeof(l), sizeof(ll)
            );

    /* ポインタのサイズ */
    printf("void* %d int* %d long* %d\n",
            sizeof(pv), sizeof(pi), sizeof(pl));

    return 0;
}
```

　以下は「gcc」に「-m32」オプションを付けて、「プログラム」を**「32bit」**で**「コンパイル」**した時の実行結果です。

実行結果

```
# cc -m32 var_types_int.c
# ./a.out
char 1 short 2 int 4 long 4 long long 8
void* 4 int* 4 long* 4
```

17

第1章 「C言語」の復習

　以下は「gcc」に「-m64」オプションを付けて、「プログラム」を「64bit」で「コンパイル」したときの実行結果です。

実行結果

```
# cc -m64 var_types_int.c
# ./a.out
char 1 short 2 int 4 long 8 long long 8
void* 8 int* 8 long* 8
```

■ 演算子

　「演算子」について、種類ごとに以下に挙げていきます。

●後置演算子 (Postfix operators)

演算子	説　明
.	構造体や共用体の**メンバー参照**に使う
->	ポインタ構造体や共用体のメンバー参照に使う
++	変数の値を一つ増やす（インクリメント）
--	変数の値を一つ減らす（デクリメント）

　「後置演算子」は、「変数」の後ろに置く「演算子」のことで、「後置」(postfix)と呼ばれます。

*

　「ドット」(.)と「アロー」(->)は**「構造体」**および**「共用体」**の「メンバー」を参照するために使います。

　「インクリメント」と**「デクリメント」**は、「変数」の「値」を「増減」するのに使います。

　「int型」の「変数i」があるとして、「i++」とすれば、「i」の「値」が一つ増えます。
「i」の「値」が「10」であれば、「11」に増えます。
　「n = i++;」という文の場合、先に「変数n」の「変数i」の「値」が代入されて、「変数i」の「値」が増えます。
　つまり、「n = i; i++;」と等価です。

[1-2]　基本文法のおさらい

「int型」の「ポインタ変数p」があるとして、「p++」とすれば、**ポインタ**の
「値」が「intサイズ分(4バイト)」増えます。

「p」の「値」が「0x100」であれば、「0x104」に増えます。

＊

「ポインタ変数」の増減は、「ポインタ」の「データ型」によって進む「アドレ
ス」が変わるのが難しいところですが、実際に「プログラム」を動かしてみると
分かりやすいです。

＊

以下に、「サンプル・コード」を示します。

[op_postfix.c]

```c
/*
 * 後置演算子
 */
#include <stdio.h>

//                01234567890AB
char g_str[] = "hello, world.";

int main(void)
{
    char *cp = g_str;
    int *ip = (int *)g_str;
    long *lp = (long *)g_str;

    printf("cp %p ip %p lp %p\n", cp, ip, lp);
    printf("cp=%s ip=%s lp=%s\n\n", cp, ip, lp);
    cp++; ip++; lp++;
    printf("cp %p ip %p lp %p\n", cp, ip, lp);
    printf("cp=%s ip=%s lp=%s\n\n", cp, ip, lp);
    cp--; ip--; lp--;
    printf("cp %p ip %p lp %p\n", cp, ip, lp);
    printf("cp=%s ip=%s lp=%s\n\n", cp, ip, lp);

    return 0;
}
```

第1章 「C言語」の復習

実行結果

```
# cc op_postfix.c && ./a.out
cp 0x601028 ip 0x601028 lp 0x601028
cp=hello, world. ip=hello, world. lp=hello, world.

cp 0x601029 ip 0x60102c lp 0x601030
cp=ello, world. ip=o, world. lp=orld.

cp 0x601028 ip 0x601028 lp 0x601028
cp=hello, world. ip=hello, world. lp=hello, world.
```

●単項演算子(Unary operators)

演算子	説　明
++	変数の値を一つ増やす(インクリメント)
--	変数の値を一つ減らす(デクリメント)
sizeof	変数や型のサイズ(バイト単位)を計算する
&	変数のアドレス(ポインタ)を取得する
*	変数のアドレス(ポインタ)の指す内容を取得する
+	数値が正の数であることを表す
-	数値が負の数であることを表す
~	変数の全ビットを反転する
!	論理的否定を行なう

　「++」と「--」は「後置演算子」としても登場しましたが、「変数」の前に設置する場合は「**単項演算子**」の分類になります。

　機能としては同じなのですが、コードが解釈される順番が異なります。

　「n = ++i;」という文では、「変数i」の「値」が先に「インクリメント」されて、その「値」が「変数n」に代入されます。

　つまり、「++i; n = i;」と等価です。

　「**sizeof**」は「引数」に指定した「変数」や「型」の「サイズ」を、「バイト単位」で計算し、結果を「unsigned int」で返します。

　計算は「プログラム」の「コンパイル」時に行なわれます。

[1-2] 基本文法のおさらい

　よく「配列」の「サイズ」を求めるのに使われますが、誤って「ポインタ変数」
を渡すと「ポインタ」の「サイズ」になるので、注意が必要です。

＊

　以下に、「サンプル・コード」を示します。

[op_sizeof.c]

```
/*
 * 単項演算子
 */
#include <stdio.h>

int main(void)
{
    char s[] = "hello";
    char *p = "hello";
    int n[] = {1, 2, 3};

    printf("s[] %d¥n", sizeof(s));
    printf("*p %d¥n", sizeof(p));
    printf("n %d %d¥n", sizeof(n), sizeof(n)/sizeof(n[0]));

    return 0;
}
```

実行結果

```
s[] 6
*p 8
n 12 3
```

　「+」と「-」がありますが、これらは「加算」や「減算」を行なう「演算子」ではな
く、「数値」の「正負」を表現するものです。
　実際には「+」を使う場面はなく、「-」のみです。

　「正の数」で「10」はそのまま「10」であり、「+10」でも文法上は正しいですが、
わざわざ「+」を付ける書き方はしません。

　「~」は「変数」の「値」の「ビット反転」(1の**補数**)を求める「演算子」で、「組み

21

第1章 「C言語」の復習

込み開発」では「レジスタ操作」によく使われます。

*

以下に、「サンプル・コード」を示します。

[op_bitcomp.c]

```c
/*
 * 単項演算子
 */
#include <stdio.h>

int main(void)
{
    int val, mask = 0x03;

    val = 0xdeadbeef;

    printf("%x\n", val & mask);
    printf("%x\n", val & ~mask);

    return 0;
}
```

実行結果

```
3
deadbeec
```

●キャスト演算子(Cast operators)

演算子	説　明
()	キャストを行なう

「互換性」のない「型変換」は許されていないため、「コンパイル時」に警告が出ます。

しかし、「エラー」にはならないところがやっかいで、場合によっては「プログラム」の「誤動作」の原因となります。

[1-2] 基本文法のおさらい

　変換しようとした「型」の「サイズ」がたまたま同じの場合は問題ないですが、「変換先のサイズ」が「変換元より小さい」場合は「データ」が「欠落」することがあります。

　こうした事実を踏まえた上で、「互換性」のない「型変換」を「キャスト」という機能を使うことで、「コンパイラ」の警告を「抑止」することができます。

　あくまでも**警告を「抑止」する**という目的で使われるので、「型変換」に問題がないことを確実に確認した上で使う必要があります。
　よく、「むやみやたらに「キャスト」を使うな」と言われる所以です。

[op_cast.c]

```
/*
 * キャスト演算子
 */
#include <stdio.h>

int main(void)
{
    char *cp = NULL;
    int *ip = NULL;
    void *vp = NULL;

    cp = ip;   // 警告あり(型が違うため)
    cp = (char *)ip;   // 警告なし(キャストにより)
    cp = vp;   // 警告なし(voidはどの型にも代入できる)

    return 0;
}
```

実行結果

```
# cc op_cast.c
op_cast.c: 関数 'main' 内:
op_cast.c:12:5: 警告: assignment to 'char *' from incompati
ble pointer type 'int *' [-Wincompatible-pointer-types]
  cp = ip;   // 警告あり
     ^
```

23

第1章 「C言語」の復習

●乗法演算子(Multiplicative operators)

演算子	説　明
*	2つの変数および数値の掛け算を行なう。
/	2つの変数および数値の割り算を行なう。余りは切り捨て。
%	2つの変数および数値の剰余を行なう。

●加算演算子(Additive operators)

演算子	説　明
+	2つの変数および数値の足し算を行なう。
-	2つの変数および数値の引き算を行なう。

●ビット演算子(Bitwise shift operators)

演算子	説　明
<<	左にビットシフトする
>>	右にビットシフトする
&	ビットANDを取る
^	ビットXORを取る
|	ビットORを取る

「ビット操作」は「組み込み開発」では「レジスタ操作」でよく使います。

注意点としては、「ビットシフト」する際、対象となる「変数」が「符号付き」か「符号なし」かで、「算術シフト」か「論理シフト」に変わる、ということです。

「算術シフト」では「最上位ビット」(MSB)がそのまま残り、「論理シフト」では「ゼロ」で埋められていきます。

このような落とし穴があるため、「変数」は「符号なし」(unsigned)にするのが定石です。

*

また、「char」や「short」などの「int」より「サイズ」が小さい「変数」を「ビット操作」の対象とすると、暗黙に「int」に拡張されてから「演算」が行なわれるため、期待した結果にならないことがあります。

*

[1-2]　基本文法のおさらい

以下に「サンプル・コード」を示します。

[op_bitwise.c]

```c
/*
 * ビット演算子
 */
#include <stdio.h>

int main(void)
{
    int num = 0xf0f0f0f0;
    unsigned int unum = 0xf0f0f0f0;
    unsigned char buf = 0x8F;
    unsigned long val;

    // numは算術シフト、unumは論理シフトになる。
    printf("%0x %0x\n", num >> 1, unum >> 1);

    // buf<<24はsigned intに拡張された後、unsigned longに拡張される。
    val = buf << 24;
    printf("%016lx\n", val);
    // buf<<24はunsigned longで計算される。
    val = (unsigned long)buf << 24;
    printf("%016lx\n", val);

    return 0;
}
```

実行結果

```
f8787878 78787878
ffffffff8f000000
000000008f000000
```

第1章 「C言語」の復習

●関係演算子 (Relational operators)

演算子	説　明
<	2つの変数および値の小なりを比較する
>	2つの変数および値の大なりを比較する
<=	2つの変数および値の小なりイコールを比較する
>=	2つの変数および値の大なりイコールを比較する
|	ビットORを取る

「関係演算子」は「if」「for」「while」などの構文で、「条件式」の中で使われます。

●等号演算子 (Equality operators)

演算子	説　明
==	2つの変数および値が同一であるかを比較する
!=	2つの変数および値が同一でないかを比較する

「**等号演算子**」は「if」「for」「while」などの構文で、「条件式」の中で使われます。

●論理演算子 (Logical operators)

演算子	説　明
&&	2つの条件式がいずれも真かを判断する
||	2つの条件式がいずれかが真かを判断する

「論理演算子」は「if」「for」「while」などの構文で、「条件式」の中で使われます。
「ビット演算子」の「&」と「|」とは似て非なるものなので、間違えないように
しましょう。

●条件演算子 (Conditional operators)

演算子	説　明
?:	「A?B:C」でAが真の場合Bを実行し、偽の場合Cを実行する。

「**三項演算子**」という呼び方をすることもありますが、「if文」を一行で表現
できる「演算子」で、比較的よく使われています。

「n = (a > 0)? b : c;」という文であれば、「変数a」が「0」より大きい場合、「変

[1-2] 基本文法のおさらい

数n」には「b」が代入され、「変数a」が「0以下」の場合、「変数n」には「c」が代入
されます。

＊

if文で書くと、以下のようになります。

```
if (a > 0)
  n = b;
else
  n = c;
```

「**条件演算子**」は「if」と違って「制御構文」ではなく、あくまでも「演算子」です。
複雑な処理を「条件演算子」に取り入れると分かりづらくなるため、シンプ
ルな処理にするのがいいです。

「条件演算子」がよく使われる例としては、「数値の大きい」または「小さい
方」を求める「マクロ」があります。

＊

以下に、**「Linuxカーネル」の「ソース・コード」**から抜粋します。

[lib/zstd/zstd_internal.h]

```
#define MIN(a, b) ((a) < (b) ? (a) : (b))
#define MAX(a, b) ((a) > (b) ? (a) : (b))
```

●代入演算子 (Assignment operators)

演算子	説　明
=	変数に値を代入する
*=	「A *= B;」は「A = A * B;」と等価。
/=	「A /= B;」は「A = A / B;」と等価。
%=	「A %= B;」は「A = A % B;」と等価。
+=	「A += B;」は「A = A + B;」と等価。
-=	「A -= B;」は「A = A - B;」と等価。
<<=	「A <<= B;」は「A = A << B;」と等価。
>>=	「A >>= B;」は「A = A >> B;」と等価。
&=	「A &= B;」は「A = A & B;」と等価。
^=	「A ^= B;」は「A = A ^ B;」と等価。
|=	「A |= B;」は「A = A | B;」と等価。

27

第1章　「C言語」の復習

●カンマ演算子(Comma operators)

演算子	説　明
,	関数やマクロの引数、変数、実行文の区切りに使う

　「カンマ演算子」は以下に示すように、「実行文」の「区切り」に使うこともできるのですが、「可読性」が落ちるので、使わないほうが望ましいです。

[op_comma.c]

```
/*
 * カンマ演算子
 */
#include <stdio.h>

int main(void)
{
    int s, t;

    s = 1, t = 3;
    printf("%d %d¥n", s, t);

    return 0;
}
```

実行結果

```
1 3
```

■ 汎整数拡張

　「C言語」には「汎整数拡張」(integer promotion)と呼ばれる仕組みが「仕様」として組み込まれています。
　この仕組みを理解しておかないと、思わぬ「バグ」を作り込む場合があります。

*

　「整数」を扱う場合において、以下に示す「int」より小さい「型」は暗黙のうちに「符号付きint」(signed int)に拡張されてから、「演算」が行われます。

[1-2] 基本文法のおさらい

・signed char

・unsigned char

・signed short

・unsigned short

---

*

以下に「サンプル・コード」を示します。

　実行結果を見ると分かるように、「char型変数」の「値」が暗黙のうちに（「コンパイラ」によって勝手に）、「signed int」に拡張されています。

　(2-1)の「コード」を「分解」したものが(2-2)になり、(2-1)の「コード」を「コンパイラ」は「汎整数拡張」の「ルール」に従って、(2-2)相当の「コード」に「変換」している、ということです。

[int_promot.c]

```c
/*
 * 汎整数拡張
 */
#include <stdio.h>

int main(void)
{
    char a;
    int ix, iy;
    unsigned char c, d;

    /* (1) */
    a = 0x80;  // signed charだから要注意
    ix = 0x81;
    iy = a + ix; // aがintに格上げ
    printf("%0x + %0x = %0x¥n¥n", a, ix, iy);


    /* (2-1) */
    c = 0x7f; // unsigned charだが、
    d = (~c)>>4;  // intに格上げして右シフト
    printf( "%0x¥n¥n" , d); //0x08にはならない
```

29

第1章 「C言語」の復習

```c
    /* (2-2) */
    c = 0x7f; // unsigned char
    ix = ~c;  // ffffff80
    printf("ix %0x¥n", ix);
    ix = ix >> 4;  // fffffff8
    printf("ix %0x¥n", ix);
    iy = ix & 0xff; // f8
    printf("iy %0x¥n", iy);
    d = iy;  // f8
    printf("d %0x¥n", d);

    return 0;
}
```

実行結果

```
ffffff80 + 81 = 1

f8

ix ffffff80
ix fffffff8
iy f8
d f8
```

「汎整数拡張」が適用される「演算子」は、以下の通りです。

・単項演算子の +, -, ~
・乗法演算子の *, /, %
・加算演算子の +, -
・ビット演算子の <<, >>, &, ^, |

上記の「演算子」を「char」や「short」に使うときには注意が必要です。

「unsigned char」や「unsigned short」の「変数」に適用した瞬間、「コンパイラ」は「signed int」に拡張した上で「演算」を行ないます。

「unsigned char」の「変数」を「左シフト」したら、「unsigned char」のままで

30

[1-2] 基本文法のおさらい

もなく、「unsigned int」にもなるわけでもなく、「符号付き int」(signed int)
になります。

　そのため、「最上位ビット」(MSB)の扱いを気にする必要があるわけです。

　「汎整数拡張」の落とし穴を回避するためには、「char」や「short」を使わず
に、「演算」はすべて「unsigned int」で行なうのが定石です。

■「構造体」と「共用体」

　「C言語」より後発の「プログラミング言語」では、まとまった「データ」を扱
うために「クラス」という概念が用意されています。

　しかし、「C言語」には「クラス」がないので(「C++」にはある)、「構造体」や
「共用体」という仕組みを利用することになります。

●構造体(structure)

　「構造体」は「複数の変数」をまとめて扱うことができる「データ構造体」です。
使用頻度が高く、たいていどんな「プログラム」でも使われています。

＊

　「構造体」で注意するべきことは、「パディング」です。

　「構造体」の「メンバー」への「アクセス」を「高速化」するために、「メンバー」
の「先頭アドレス」が「**バイト境界**」になるように、「コンパイラ」が「メンバー」
と「メンバー」の間に「**パディング**」(隙間)を挿入することがあります。

　それによって構造体の大きさが増えることがあります。
　そのため、「構造体」の大きさが「コンパイラ」に増やされては困る場合には、
(A)「構造体」に「packed指定」をして「パディング」を一切なしにするか、(B)
「ダミーのメンバー」を入れて「パディング」されないように手動で調整する、
という手法がとられます。

　実際のところ、「構造体」の「packed指定」は(「コンパイラ」の「バグ」等で)う
まく行かないことがあるので、「ダミーメンバー」で手動調整するやり方が現

31

第1章 「C言語」の復習

場では定石となっています。

＊

以下に、「コンパイラ」による「パディングが入るケース」「packed 指定する
ケース」「手動でパディングするケース」について「サンプル・コード」を示し
ます。

「offsetof()」というは「構造体」の「メンバー」が先頭から「何バイトの位置にあ
るか」を返します。

[struct.c]

```c
/*
 * 構造体
 */
#include <stdio.h>
#include <string.h>
#include <stddef.h>

struct sample_st {
    char c;    // 1byte
    int n;     // 4byte
    void *p;   // 8byte
};

struct sample_st_packed {
    char c;    // 1byte
    int n;     // 4byte
    void *p;   // 8byte
} __attribute__ ((packed));

struct sample_st_nopad {
    char c;    // 1byte
    unsigned char pad1[3];
    int n;     // 4byte
    void *p;   // 8byte
};

int main(void)
{
    struct sample_st st;
    struct sample_st_packed st_p;
```

32

[1-2] 基本文法のおさらい

```c
    struct sample_st_nopad st_nop;

    // 構造体変数をゼロクリアする
    memset(&st, 0, sizeof(st));
    memset(&st_p, 0, sizeof(st_p));
    memset(&st_nop, 0, sizeof(st_nop));

    // 構造体 sample_st 変数について
    printf("sizeof %d\n", sizeof(st));
    printf("offset c %d\n", offsetof(struct sample_st, c));
    printf("offset n %d\n", offsetof(struct sample_st, n));
    printf("offset p %d\n\n", offsetof(struct sample_st, p));

    // 構造体 sample_st_packed 変数について
    printf("sizeof %d\n", sizeof(st_p));
    printf("offset c %d\n", offsetof(struct sample_st_packed, c));
    printf("offset n %d\n", offsetof(struct sample_st_packed, n));
    printf("offset p %d\n\n", offsetof(struct sample_st_packed, p));

    // 構造体 sample_st_nopad 変数について
    printf("sizeof %d\n", sizeof(st_nop));
    printf("offset c %d\n", offsetof(struct sample_st_nopad, c));
    printf("offset pad1 %d\n", offsetof(struct sample_st_nopad, pad1));
    printf("offset n %d\n", offsetof(struct sample_st_nopad, n));
    printf("offset p %d\n\n", offsetof(struct sample_st_nopad, p));

    return 0;
}
```

実行結果

```
sizeof 16
offset c 0
offset n 4
offset p 8

sizeof 13
offset c 0
offset n 1
offset p 5
```

```
sizeof 16
offset c 0
offset pad1 1
offset n 4
offset p 8
```

＊

「構造体」の「メンバー配置」で注意する点として、「**エンディアン**」です。

「CPU」が(ａ)「リトル・エンディアン」か(ｂ)「ビッグ・エンディアン」のどちらで動作するかによって、「2バイト以上の変数」が「メモリ上」に、「下位から格納される」のか、「上位から格納される」のかが変わってきます。

たとえば、「ネットワーク・パケット」の「IPv4ヘッダ」は、先頭の「4バイト」が以下の「フォーマット」になっています。

「ネットワーク・パケット」は「**ビッグ・エンディアン**」として「仕様」で規定されており、「ネットワーク・バイトオーダー」と呼びます。

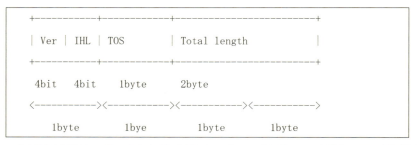

いちばんはじめの「1バイト」には「バージョン」と「ヘッダ長」(IHL)が格納されますが、それぞれ「4ビット」であるところが、やっかいです。

「構造体」の「メンバー」で表現する場合、「ビット・フィールド」を使うことになりますが、「エンディアン」によって定義する場所を入れ変える必要があります。

＊

以下に、「Linuxカーネル」の「ソース・コード」から「IPヘッダ」の定義を引用します。

[1-2]　基本文法のおさらい

　「CPU」が「リトル・エンディアン」の場合、「変数」は「バイト単位」で「下位」
から配置されるため、「ihl:4」→「version:4」の順に定義します。

　「リトル・エンディアン」は左右がひっくり返ったように見えるのが特徴で
す。

　「CPU」が「ビッグ・エンディアン」の場合は、「構造体」の「メンバー」は
「version:4」→「ihl:4」の順に定義します。

[include/uapi/linux/ip.h]

```
struct iphdr {
#if defined(__LITTLE_ENDIAN_BITFIELD)
    __u8    ihl:4,
        version:4;
#elif defined (__BIG_ENDIAN_BITFIELD)
    __u8    version:4,
        ihl:4;
#else
#error  "Please fix <asm/byteorder.h>"
#endif
    __u8    tos;
    __be16  tot_len;
    __be16  id;
    __be16  frag_off;
    __u8    ttl;
    __u8    protocol;
    __sum16 check;
    __be32  saddr;
    __be32  daddr;
    /*The options start here. */
};
```

●共用体(union)

　「構造体」と似たような「データ構造」として、「共用体」(union)という仕組み
が用意されています。

　「共用体」では「定義したメンバーがすべて同じメモリに配置」され、共有さ
れます。

35

第1章 「C言語」の復習

何のために、「共用体」が用意されているかというと、「組み込み開発」で特に「メモリ」が少ない環境で、「変数定義」による「メモリ消費」を「抑止」する目的で使われます。

なぜなら、「ローカル変数」や「グローバル変数」を定義することで「メモリ」(RAM) を消費するため、「プログラム」が動作に使える「メモリ」(RAM) が減ることになります。

また、「文字列リテラル」("～" で囲んだもの) や「const定数」は「メモリ」(ROM) を消費するため、「プログラム」の「サイズ」が増えることになり、「フラッシュ・メモリ」に格納できなくなる恐れが出てきます。

ただし、昨今の「組み込み開発」では「メモリ」が充分に搭載されている機器もあるため、「開発案件」に合わせて「共用体」の利用有無を決めるのがいいです。
「共用体」は扱いが難しく、「バグの温床」になることがあるため、開発の現場では敬遠されるからです。

*

以下に、「共用体」を使った「サンプル・コード」を示します。

[union.c]

```
/*
 * 共用体
 */
#include <stdio.h>
#include <string.h>
#include <stddef.h>

union sample_un {
    unsigned char reg;
    struct bits {
        unsigned char bit0:1;
        unsigned char bit1:1;
        unsigned char bit2:1;
        unsigned char bit3:1;
        unsigned char bit4:1;
        unsigned char bit5:1;
```

[1-2] 基本文法のおさらい

```c
            unsigned char bit6:1;
            unsigned char bit7:1;
    } regbit;
};

int main(void)
{
    union sample_un data;

    memset(&data, 0, sizeof(data));

    printf("sizeof %d¥n", sizeof(data));
    printf("offset reg %d¥n", offsetof(union sample_un, reg));
    printf("offset regbit %d¥n", offsetof(union sample_un, regbit));

    data.reg = 0xC8;
    printf("0x%02x = %d%d%d%d%d%d%d%d¥n",
            data.reg,
            data.regbit.bit7,
            data.regbit.bit6,
            data.regbit.bit5,
            data.regbit.bit4,
            data.regbit.bit3,
            data.regbit.bit2,
            data.regbit.bit1,
            data.regbit.bit0);

    return 0;
}
```

実行結果

```
sizeof 1
offset reg 0
offset regbit 0
0xc8 = 11001000
```

上記の「コード」を、「共用体」を使わずに書き直すと、以下のようになります。

37

第1章 「C言語」の復習

[union2.c]

```c
/*
 * 共用体を使わないバージョン
 */
#include <stdio.h>
#include <string.h>
#include <stddef.h>

struct sample_un {
    unsigned char reg;
};

int main(void)
{
    struct sample_un data;
    int i, val;

    memset(&data, 0, sizeof(data));

    printf("sizeof %d¥n", sizeof(data));
    printf("offset reg %d¥n", offsetof(struct sample_un, reg));

    data.reg = 0xC8;
    printf("0x%02x = ", data.reg);
    for (i = 0 ; i < 8 ; i++) {
        val = data.reg & (1 << (7-i));
        printf("%d", val ? 1 : 0);
    }
    printf("¥n");

    return 0;
}
```

実行結果

```
sizeof 1
offset reg 0
0xc8 = 11001000
```

[1-2] 基本文法のおさらい

「メモリ消費の節約」という以外の目的で、「共用体」が使われることもあります。

*

以下は、「Linux カーネル」の「autofs」(**自動マウント**)で使われる「ヘッダ」からの抜粋です。

「IOCTL」用の「構造体」で、「ユーザー空間」から「type 変数」(in.type)に「値」が渡されて、「カーネル空間」で「devid 変数」と「magic 変数」(out.devid, out.magic)に「値」を設定して、「ユーザー空間」に返す、という使われ方をします。

つまり、「args_ismountpoint 構造体」は「8バイト」の大きさをもち、「ユーザー空間」と「カーネル空間」で共有されます。

[include/uapi/linux/auto_dev-ioctl.h]

```
struct args_ismountpoint {
    union {
        struct args_in {
            __u32    type;
        } in;
        struct args_out {
            __u32    devid;
            __u32    magic;
        } out;
    };
};
```

■ プログラムのメモリ領域

一般的に、「プログラム」が起動されると、「メモリ」(RAM)上に読み込まれて動作します。

「メモリ領域」は以下に示すように、用途ごとに分けられています。

なお、「組み込み開発」で使われる「NOR型フラッシュ・メモリ」は、「プログラム」を「メモリ」に「コピー」せずに、そのまま「フラッシュ・メモリ」上で実行できるようになっています。

39

第1章 「C言語」の復習

この仕組みを、「XIP」(eXecute In Place)と言います。

領　域	格納される内容
プログラム	実行コード
静的	グローバル変数やstatic変数
ヒープ	malloc関数などで確保する動的メモリ
スタック	ローカル変数

「プログラム」が「メモリ領域」をどう使っているかを押さえておくことで、「プログラム」の「デバッグ」が効率化されます。

「プログラム領域」には、「プログラム」の「実行コード」(**機械語**)が格納されます。

この「実行コード」そのものは不変であるため、「メモリ」が「読み込み専用」となり、無理矢理書き換えをしようとすると、「プログラム」が落ちるようになっています。

「静的領域」は、「グローバル変数」や「static変数」が格納される「メモリ領域」であり、「プログラム」の「コンパイル」時に「領域」の大きさが決まります。
そのため「静的(static)な領域」と呼ばれます。

「ヒープ領域」は、**「動的メモリ領域」**とも呼ばれ、「malloc関数」などの「プログラム」の実行中に、「メモリ」を確保した場合に、使われます。

「ヒープ領域」は「動的」に確保することができるので、「メモリ」に空きがなくなってくると、確保に失敗し、かつ「システム」(Linux)全体の動作にも影響が出ることがあります。

「スタック領域」は、「関数内で定義したローカル変数」や、「関数呼び出し元の情報」などが格納される「領域」です。
上限があるため、「スタック領域」を使いすぎると、「プログラム」が「スタック・オーバーフロー」で落ちるようになっています。

＊

40

[1-2] 基本文法のおさらい

特に、「関数」の「再帰呼び出し」を行なう場合は要注意です。

「組み込み開発」においては「再帰」を使うことはまずないでしょうし、逆に「再帰」を使っている場合は「設計」の見直しが必要です。

また、「alloca()」という「スタック領域」を「動的」に確保する「関数」を使う場合も、使い方を誤ると簡単に「スタック・オーバーフロー」が起こるので、注意が必要です。

*

「gcc」には「関数」ごとの「使用スタック・サイズ」を調べることができる、便利な「オプション」があります。

*

以下に、「サンプル・コード」を示します。

[stack_size.c]

```c
/*
 * スタックサイズ
 */
#include <stdio.h>

void sub2(void)
{
    static char buf[1024];
}

void sub(void)
{
    char buf[1024];
}

int main(int argc, char **argv)
{
    sub();
    sub2();

    return 0;
}
```

41

第1章 「C言語」の復習

「gcc」に「-fstack-usage」オプションを付けて「コンパイル」すると、「カレント・ディレクトリ」に拡張子「.su」のファイルが生成され、「関数」ごとの「消費スタック・サイズ」が記録されます。

「サンプル・コード」では「main()」「sub()」「sub2()」の3つの「関数」があるので、それぞれの「数値」が出力されています。

＊

> ※なお、「-fstack-usage」オプションは「gcc」の「アーキテクチャ」によりサポートされていない場合もあります。
> よくあるのが「x86」や「x86_64」ではサポートされている「オプション」が、「ARM」では使えない、といったことです。

実行結果

```
# cc -fstack-usage stack_size.c
# cat stack_size.su
stack_size.c:6:6:sub2    8        static
stack_size.c:11:6:sub    920      static
stack_size.c:16:5:main   32       static
```

＊

「gcc」の「-fstack-usage」オプションの代わりに、「オブジェクト・ファイル」と「スクリプト」を組み合わせることで、「関数」ごとの「消費スタック・サイズ」を調べる方法もあります。

「スクリプト」は「Linuxカーネル」の「ソース・コード」(scripts/checkstack.pl)に同梱されています。

当該「スクリプト」は「**Perl**」で作られており、「**x86**」や「**x86_64**」以外にもARMなどの「アーキテクチャ」もサポートしています。

「スクリプト」は「消費スタック・サイズ」が「0より大きく、100バイト未満」の場合、表示を「スキップ」するようになっているので、以下の行を「**コメントアウト**」しておきます。

「Perlスクリプト」は、行頭に「＃」(シャープ)を付けると、「コメント行」になります。

[1-2] 基本文法のおさらい

[scripts/checkstack.pl]

```
        next if ($size < 100);
              ↓
        #next if ($size < 100);
```

以下に「実行結果」を示します。

「オブジェクト・ファイル」を「objdumpコマンド」で「逆アセンブル」して、「スクリプト」に渡しています。

「sub2()」は「スタック領域」を消費していないため、出力されていません。

実行結果

```
# cc -c stack_size.c
# objdump -d stack_size.o | ~/checkstack.pl
0x0006 sub []:                                               904
0x0014 main []:                                               16
```

次に、各種「変数」の「領域」について見ていきます。

＊

以下に、「サンプル・コード」を示します。

「グローバル変数」が4つ、「main関数」に3つの「変数」が定義されています。それぞれ、「定義」および「初期化」の仕方を変えてあります。

＊

ポイントとしては、「グローバル変数」と「static変数」で明示的に「初期化」されていない場合、初期値が「ゼロ」になるという仕様になっているため、「プログラム」の起動時に「ゼロ」に設定されます。

そのため、これらの「変数」は「静的領域」の中でも「bss」(Block Started by Symbol)という「セクション」に配置されます。明示的に「ゼロ」以外で初期化されている場合は、「dataセクション」に配置されます。

＊

「const」による「定数」「文字列リテラル」(二重引用符で囲まれたもの)は「データ」が不変であるため、「rodataセクション」に配置されます。

第1章　「C言語」の復習

　無理矢理書き換えをしようとすると、「プログラム」が落ちるようになっています。

[mem_size.c]

```
/*
 * メモリサイズ
 */
#include <stdio.h>

int g_num1;          // (.bss)
int g_num2 = 0;      // .bss
int g_num3 = 5;      // .data
const int g_num4 = 7;      // .rodata

int main(void)
{
    static int num5 = 9; // .data
    int num6;   // スタック領域かレジスタ
    char *s = "1234567"; // .rodata

    return 0;
}
```

　「sizeコマンド」や「objdumpコマンド」を使うと、「メモリ領域」の配置状況が分かります。

　上記の「プログラム」を「コンパイル」して「オブジェクト・ファイル」を生成して確認してみます。

*

　「dataセクション」が「8バイト」となっていますが、これは「変数g_num3」と「num5」のことです。

　「bssセクション」が「4バイト」なのは「変数g_num2」のことです。

　「変数g_num1」も「bss」の対象となりますが、「オブジェクトファイル」の時点では加算されません。

44

【1-2】 基本文法のおさらい

「rodataセクション」が「12バイト」(0000000c)なのは、「定数g_num4」(4バイト)と「文字列リテラル」の「8バイト」(“1234567”と¥0)を合わせたものです。

「変数num6」は「ローカル変数」であるため、「静的領域」には含まれず、どの「セクション」にも配置されないということになります。

実行結果

```
# cc -c mem_size.c
# size mem_size.o
   text    data     bss     dec     hex filename
     87       8       4      99      63 mem_size.o
# objdump -h mem_size.o

mem_size.o:       ファイル形式 elf64-x86-64

セクション:
Idx Name          Size      VMA
LMA               File off  Algn
  0 .text         00000013  0000000000000000
0000000000000000  00000040  2**0
                  CONTENTS, ALLOC, LOAD, RELOC, READONLY, CODE
  1 .data         00000008  0000000000000000
0000000000000000  00000054  2**2
                  CONTENTS, ALLOC, LOAD, DATA
  2 .bss          00000004  0000000000000000
0000000000000000  0000005c  2**2
                  ALLOC
  3 .rodata       0000000c  0000000000000000
0000000000000000  0000005c  2**2
                  CONTENTS, ALLOC, LOAD, READONLY, DATA
  4 .comment      0000002d  0000000000000000
0000000000000000  00000068  2**0
                  CONTENTS, READONLY
  5 .note.GNU-stack 00000000  0000000000000000
0000000000000000  00000095  2**0
                  CONTENTS, READONLY
  6 .eh_frame     00000038  0000000000000000
0000000000000000  00000098  2**3
                  CONTENTS, ALLOC, LOAD, RELOC, READONLY, DATA
```

45

第1章 「C言語」の復習

「オブジェクト・ファイル」を「実行形式」に変換した上で、各「セクション」を確認します。

「**実行プログラム**」は多数の「ライブラリ」が「リンク」されるので、「セクション」の種類と「サイズ」が増えます。

「ソース・コード」で定義している「メモリ領域」の配置状況を確認したい場合は、「オブジェクト・ファイル」を使って調べていくのがいいです。

実行結果

```
# cc -o mem_size mem_size.o
# size mem_size
   text    data     bss     dec     hex filename
   1019     468      12    1499     5db mem_size
# objdump -h mem_size

mem_size:      ファイル形式 elf64-x86-64

セクション:
Idx Name          Size       VMA
LMA              File off   Algn
  0 .interp        0000001c  0000000000400238
0000000000400238  00000238  2**0
                   CONTENTS, ALLOC, LOAD, READONLY, DATA
  1 .note.ABI-tag  00000020  0000000000400254
0000000000400254  00000254  2**2
                   CONTENTS, ALLOC, LOAD, READONLY, DATA
  2 .note.gnu.build-id 00000024   0000000000400274
0000000000400274  00000274  2**2
                   CONTENTS, ALLOC, LOAD, READONLY, DATA
  3 .gnu.hash      0000001c  0000000000400298
0000000000400298  00000298  2**3
                   CONTENTS, ALLOC, LOAD, READONLY, DATA
  4 .dynsym        00000048  00000000004002b8
00000000004002b8  000002b8  2**3
                   CONTENTS, ALLOC, LOAD, READONLY, DATA
  5 .dynstr        00000038  0000000000400300
0000000000400300  00000300  2**0
```

【1-2】 基本文法のおさらい

```
                        CONTENTS, ALLOC, LOAD, READONLY, DATA
   6 .gnu.version    00000006  0000000000400338
0000000000400338    00000338  2**1
                        CONTENTS, ALLOC, LOAD, READONLY, DATA
   7 .gnu.version_r  00000020  0000000000400340
0000000000400340    00000340  2**3
                        CONTENTS, ALLOC, LOAD, READONLY, DATA
   8 .rela.dyn       00000030  0000000000400360
0000000000400360    00000360  2**3
                        CONTENTS, ALLOC, LOAD, READONLY, DATA
   9 .init           00000017  0000000000400390
0000000000400390    00000390  2**2
                        CONTENTS, ALLOC, LOAD, READONLY, CODE
  10 .text           00000161  00000000004003b0
00000000004003b0    000003b0  2**4
                        CONTENTS, ALLOC, LOAD, READONLY, CODE
  11 .fini           00000009  0000000000400514
0000000000400514    00000514  2**2
                        CONTENTS, ALLOC, LOAD, READONLY, CODE
  12 .rodata         0000001c  0000000000400520
0000000000400520    00000520  2**3
                        CONTENTS, ALLOC, LOAD, READONLY, DATA
  13 .eh_frame_hdr   00000034  000000000040053c
000000000040053c    0000053c  2**2
                        CONTENTS, ALLOC, LOAD, READONLY, DATA
  14 .eh_frame       000000d8  0000000000400570
0000000000400570    00000570  2**3
                        CONTENTS, ALLOC, LOAD, READONLY, DATA
  15 .init_array     00000008  0000000000600e50
0000000000600e50    00000e50  2**3
                        CONTENTS, ALLOC, LOAD, DATA
  16 .fini_array     00000008  0000000000600e58
0000000000600e58    00000e58  2**3
                        CONTENTS, ALLOC, LOAD, DATA
  17 .dynamic        00000190  0000000000600e60
0000000000600e60    00000e60  2**3
                        CONTENTS, ALLOC, LOAD, DATA
  18 .got            00000010  0000000000600ff0
0000000000600ff0    00000ff0  2**3
                        CONTENTS, ALLOC, LOAD, DATA
  19 .got.plt        00000018  0000000000601000
0000000000601000    00001000  2**3
```

第1章 「C言語」の復習

```
                     CONTENTS, ALLOC, LOAD, DATA
 20 .data            0000000c  0000000000601018
0000000000601018     00001018  2**2
                     CONTENTS, ALLOC, LOAD, DATA
 21 .bss             0000000c  0000000000601024
0000000000601024     00001024  2**2
                     ALLOC
 22 .comment         0000005b  0000000000000000
0000000000000000     00001024  2**0
                     CONTENTS, READONLY
```

■ 構文

本節でよく使われる「構文」についてまとめます。

●ラベル付き文

キーワード	説　明
case	switch文の分岐で使われる
default	switch文でどのcaseにもマッチしない場合、defaultラベルが実行される。

「switch文」で「default」を記述する際、「"default"」の綴りを誤って、例えば「"defoult:"」と書いても「コンパイル・エラー」にはならないので、注意が必要です。

「コンパイラ」の「警告レベル」を上げると、警告が出される場合もあります。

●voidとnull文

キーワード	説　明
(void)f();	f関数の返値を参照しないことを意思表示している。
;	セミコロンだけを書くと空行を表わす。
label:;	ラベル名だけを書く時にセミコロンを付ける。

[1-2] 基本文法のおさらい

何か「コード」を実行するわけではないですが、「構文」として上記に示す記述をすることがあります。

●選択文

キーワード	説　明
if	条件分岐文
if-else	条件分岐文
switch	条件分岐文

「条件分岐」を行なう、おなじみの「構文」です。

　条件が3つある場合は、「if文」であれば、「if(){} else if(){} else{}」と記述します。

*

　「プログラミング言語」によって、「else節」の書き方が異なり、「elif」「elsif」「elseif」などキーワードがまちまちであり、複数の「言語」を使い分けていると混乱しますが、「C言語」においては「else if」となります。

●繰り返し文

キーワード	説　明
while	繰り返しを行なう（0回以上）
do-while	繰り返しを行なう（1回以上）
for	繰り返しを行なう（0回以上）

処理の繰り返しを行なうおなじみの「構文」です。

　「while文」と「do-while文」の違いは、後者は「必ず1回はループが回る」ということです。
　その特質を生かして、「マクロ」の定義にもよく使われます。

*

以下に「サンプル・コード」を示しますが、「マクロ」に複数行を記述する場合、単なる「ブロック」({})だけ、「ブロックなしの行連結」(¥)だけだと「コンパイル・エラー」になります。

49

第1章 「C言語」の復習

なお、「C言語」の新しい規格だと「インライン関数」が使えるので、「インライン関数」で「マクロ」を定義するほうがより望ましいです。

[loop_do_macro.c]

```c
/*
 * do-whileのマクロ
 */
#include <stdio.h>

#define SUB(n) do {¥
    n++; ¥
    n *= 10; ¥
} while (0)

int main(void)
{
    int a = 3;

    printf("%d¥n", a);
    if (a > 0)
        SUB(a);
    else
        a = 0;
    printf("%d¥n", a);

    return 0;
}
```

「forループ」も頻出「構文」です。

しかし、「C言語」の新しい規格では「初期化部変数」の定義が行なえるようになっており、「変数」の有効範囲は「ループ内」だけ、となっています。

[loop_for.c]

```c
/*
 * forループ
 */
#include <stdio.h>
```

50

【1-2】 基本文法のおさらい

```c
int main(void)
{
    int i = 100;

    printf("%d\n", i);
    for (int i = 0 ; i < 10 ; i++) {
        printf("%d ", i);
    }
    printf("\n%d\n", i);

    return 0;
}
```

実行結果

```
100
0 1 2 3 4 5 6 7 8 9
100
```

●その他の制御文

キーワード	説　明
goto	指定したラベルへジャンプする
continue	ループ処理をスキップする
break	ループ処理から抜ける
return	関数の呼び出し元へ戻る

「goto文」は使用禁止としているところもあります。

しかし、「エラー処理」をまとめて行なうために、「関数」の末尾に「ジャンプ」するという目的ではよく使われています。

■ プリプロセッサ

「プリプロセッサ」(Preprocessor)というのは、「ソース・コード」を整形することができる機能です。

「プリプロセッサ」自体は、「機械語」には変換されません。

キーワード	説　明
#	何もしない
#if, #ifdef	条件文として使う
#ifndef, #elif	条件文として使う
#else, #endif	条件文として使う
#include	ヘッダ・ファイルを取り込む
#define	マクロを定義する
#undef	マクロの定義を無効化する
#error	コンパイルを中止する
##	前後の文字を連結する
__DATE__	コンパイル時の日にち(文字列リテラル)に変換する
__TIME__	コンパイル時の時刻(文字列リテラル)に変換する
__FILE__	ソース・ファイル名(文字列リテラル)に変換する
__LINE__	行番号(数値)に変換する

■ ポインタ

「C言語」の文法でいちばんの難関と言われているのが「**ポインタ**」です。

「ポインタ」について深く掘り下げるだけでも、本一冊分になります。
　本当に「C言語のポインタ」について自信がないのであれば、それに特化して学ぶことをお勧めします。

＊

　ここで、「ポインタ」の使用例をいくつか挙げて復習をすることにします。

＊

　「文字列リテラル」と配列は似て非なるものなので、ベテランでも落とし穴にハマることがあります。

　「ポインタ変数」は「ポインタ」なので、「sizeof」では「ポインタ」の「サイズ」になり、「データ」の大きさにはなりません。 また、sizeof()はsize_t型のため、printfの書式にはunsigned intでキャストして%uを使うか、C99以降であれば%zuを使うのが厳密には正しいです。

　「配列」は大きさが取得できますが、最後の「**ヌル**」(¥0)も含まれます。

[1-2] 基本文法のおさらい

「sizeof()」の「引数」に渡すものが「配列名そのもの」であるかどうかの確認が重要です。

「文字列リテラル」は「読み取り専用」の「領域」となるため、「データ」の中身を書き換えることはできず、無理矢理書き換えようとすると、「不正なメモリアクセス」として「プログラム」が落ちます。

※

以下に、「サンプル・コード」を示します。

[ptr_ex1.c]

```c
#include <stdio.h>

int main(void)
{
    char *s = "ABCD";    // 文字列リテラル
    char a[] = "ABCD";    // 配列

    printf("sizeof s=%d a=%d\n", sizeof(s), sizeof(a));

    printf("s=%s a=%s\n", s, a);
    a[0] = 'X';
    printf("s=%s a=%s\n", s, a);
    s[0] = 'X';    // SEGVで落ちる
    printf("s=%s a=%s\n", s, a);

    return 0;
}
```

実行結果

```
sizeof s=8 a=5
s=ABCD a=ABCD
s=ABCD a=XBCD
Segmentation fault (コアダンプ)
```

「文字列のコピー」には「strcpy関数」を使い、「データのコピー」には「memcpy関数」を使います。

※

第1章 「C言語」の復習

「**文字列**」というのは終端が「ヌル」(¥0)で終わる「データ列」のことです。

「**データ**」というのは終端という概念がなく、「サイズ」だけで大きさを判断します。

「文字列のコピー」に誤って「memcpy関数」を使うと、「ヌル」を超えて「コピー」が走るので、期待外の動作をすることがあります。

*

以下に「サンプル・コード」を示します。

[ptr_ex2.c]

```c
#include <stdio.h>
#include <string.h>

int main(void)
{
    char s[] = "abc¥0d";
    char d[32] = {0};

    strcpy(d, s);
    printf("s=%s d=%s(%x %x %x %x %x %x)¥n",
            s, d, d[0], d[1], d[2], d[3], d[4], d[5]);

    memset(d, 0, sizeof(d));
    memcpy(d, s, 6);
    printf("s=%s d=%s(%x %x %x %x %x %x)¥n",
            s, d, d[0], d[1], d[2], d[3], d[4], d[5]);

    return 0;
}
```

実行結果

```
s=abc d=abc(61 62 63 0 0 0)
s=abc d=abc(61 62 63 0 64 0)
```

「**ポインタ**」というのは「データ」が格納されている「メモリのアドレス」であり、「64bit環境」では「8バイト」となります。

[1-2] 基本文法のおさらい

*

「ポインタ変数」は「アスタリスク」(*)で表現され、「メモリのアドレス」が格納されます。

「変数」の「メモリのアドレス」を取得するには「アンパサント」(&)を使います。

*

「memcpy関数」の仕様は以下の通りで、「第1引数」と「第2引数」が「ポインタ変数」になっています。

```
void *memcpy(void * restrict s1,
        const void * restrict s2,
        size_t n);
```

*

「memcpy関数」を使って、「変数」の内容を「配列」に「コピー」する「サンプル・コード」を、以下に示します。

*

「実行結果」は「リトル・エンディアン環境」のものですが、「ビッグ・エンディアン」だと「データ」の並びが逆順になるため、「dead beef」となります。

[ptr_ex3.c]

```
#include <stdio.h>
#include <string.h>

int main(void)
{
    int n = 0xdeadbeef;
    unsigned char s[4];

    memcpy(s, &n, 4);
    printf( "%02x %02x %02x %02x¥n" ,
            s[0], s[1], s[2], s[3]);

    return 0;
}
```

55

第1章 「C言語」の復習

実行結果

```
ef be ad de
```

「ローカル変数」は、通常、「スタック領域」に確保されるため、「関数」を抜けると消失します。

しかし、「関数」の呼び出し元に戻った直後は、まだ「領域」が残っている場合があるので、「プログラム」が正常に動作することもあり、「テスト」では問題が見つけられない場合もあります。

*

「サンプル・コード」を以下に示します。

「sub関数」で「s[]」という「配列」を定義していますが、「スタック領域」に確保されるため、「配列」の「アドレス」を呼び元に返すことはできません。

[ptr_ex4.c]

```c
#include <stdio.h>

char *sub(void)
{
    char s[] = "test" ;

    printf( "%s¥n" , s);
    return s;
}

int main(void)
{
    printf( "%s¥n" , sub());

    return 0;
}
```

実行結果

```
test
Segmentation fault (コアダンプ)
```

[1-2] 基本文法のおさらい

■C言語の規格と適用範囲

「C言語」の規格は、「ANSI」(米国規格協会)および「ISO」(国際標準化機構)により仕様が発行されており、有料で販売されています。

1989年に発行された「ANSI X3.159-1989」という規格が、もっとも広く普及しており、「C89」とも呼ばれています。

かれこれ30年近く前の話です。

このときに規格されたものを「ANSI C」といい、それまでの「K&R C」と区別されます。

次に、「C89」から10年後に「ISO/IEC 9899:1999」という新しい規格が誕生し、「C99」と呼ばれています。

最新の規格は「ISO/IEC 9899:2011」で「C11」と呼ばれています。

*

「C99」から12年後の登場で、こうして見ると、概ね10年ごとに規格が刷新されていると言えます。

「C11」が最新だと言っても、今からもう7年前の話なので、そう新しくもない話です。

*

「C言語」の「仕様書」は有料なのですが、同等の内容を保有する資料(Working paper)が下記サイトで無料配布されており、「C99」と「C11」の仕様を参照することができます。

http://www.open-std.org/jtc1/sc22/wg14/www/standards.html

*

「C言語」の規格としては「C89」「C99」「C11」の3つがあるということを押さえておけばいいのですが、実は「C言語」の「コンパイラ」によって規格への対応がまちまちであるということを理解しておく必要があります。

*

全規格に対応しているのは「gcc」ぐらいで、他の「コンパイラ」は「C89」だけか、加えて「C99」をサポートしている製品がほとんどです。

57

第1章 「C言語」の復習

「Microsoft」の「Visual C++」でさえも、「C99」は限定サポートであり、「C11」は未サポートという状況です。

このため、開発の現場では「C89」をベースとするところも多いです。

*

「Java」や「C#」などの「言語」と違って、「C言語」は新しい規格が登場しても、「コンパイラ」が追従していません。

そのため、どの規格に合わせて「プログラミング」を行なうかは、開発の「現場」ごとに変わってきます。

*

「C89」は習得しておいた上で、「C99」での変化点は知っておくのが望ましいです。

「C11」は現場で使われることはまずないです。

*

「C言語」の規格では、文法事項の他に「ライブラリ」も規定されています。

*

「コンパイラ」が「gcc」の場合、「glibc」という「ライブラリ」を利用するのが一般的です

ここで気をつける点として、「プログラム」の「コンパイル」に「gcc」を使うとしても、「glibc」を使わない場合は使う「関数」が「独自仕様」になるということです。

*

下図にLinuxシステムのモジュール図を示します。

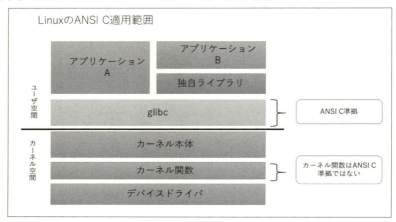

[1-2]　基本文法のおさらい

　図に登場する、すべての「プログラム」は「C言語」で実装してあるとします。

　「コンパイラ」に「gcc」を使うとした場合、「ANSI C」準拠の文法を使用して「プログラミング」してあれば、どの「プログラム」も「ANSI C準拠である」と言えます。

　「gcc拡張機能」を使うと、その使った部分は「ANSI C」準拠ではなくなります。

＊

ポイントは「ライブラリ」です。

　「glibc」が提供する「関数」は、「ANSI C」準拠であるものが用意されています。

　しかし、独自に開発した「ライブラリ」の「関数」、「デバイス・ドライバ」が利用する「カーネル関数」は「ANSI C」準拠であるとは限らないので、都度、「関数」の仕様を確認する必要があります。

　たとえば、「Linux カーネル」内で定義されている「strncpy関数」がありますが、実装を読む限り、「ANSI C」の「strncpy関数」と同等の動きをするように作ってあります。

[lib/string.c]

```
char *strncpy(char *dest, const char *src, size_t count)
{
    ...
}
```

　「カーネル・メモリ」を解放する「kfree関数」は、一見「ANSI C」の「free関数」と似ていますが、「関数名」が違うので別物と考えたほうがいいです。

＊

「ANSI C」の「free関数」は、

　void free(void *ptr);

　であり、まず「引数」の「型」が異なり、「kfree関数」は「const型」になっています。

59

第1章 「C言語」の復習

＊

次に、「free関数」は「引数」に「NULL」を渡すことができますが、「kfree関数」も同様に可能となっています。

[mm/slab.c]

```
/**
 * kfree - free previously allocated memory
 * @objp: pointer returned by kmalloc.
 *
 * If @objp is NULL, no operation is performed.
 */
void kfree(const void *objp)
{
    ...
    if (unlikely(ZERO_OR_NULL_PTR(objp)))
        return;
    ...
}
```

■ 標準ライブラリ一覧

「C言語」で規定されている「標準ライブラリ」については、ページの都合上、「クラウド上」に記載しています。

■ C89, C99, C11, C17の違い

「C言語」の規格で「C89」「C99」「C11」「C17」の違いについては、**第8章**で紹介しています。

第 2 章

コンパイルとリンク

2章では、「プログラム」を「コンパイル」して「実行プログラム」が生成されるまでの「流れ」とその「仕組み」を押さえることで、「プログラム」の「デバッグ・スキル」の向上を目指します。

第2章　コンパイルとリンク

2-1　2章の概要

2章では、「ソース・コード」をコンパイルして「実行プログラム」を生成するまでの流れを説明します。

■「コンパイルする」ということ

「アプリケーション」の「**ソース・コード**」を「gcc」で「**コンパイル**」すると、「**a.out**」という「実行プログラム」(「バイナリ・ファイル」)が生成されます。

「ライブラリ」(動的)の「ソース・コード」を「gcc」で「コンパイル」すると、「**.so**」という「バイナリ・ファイル」が生成されます。

「**デバイス・ドライバ**」(「カーネル・モジュール」)の「ソース・コード」を「gcc」で「コンパイル」すると、「.ko」という「バイナリ・ファイル」が生成されます。

*

この「**コンパイルする**」という操作一発で「バイナリ・ファイル」が作られていますが、その過程では、「ソース・コード」に対してさまざまな処理が施されています。

そのうえで、最終的に「**機械語コード**」に変換されています。

この過程を知っておくことは大変重要で、**「プログラム」の「デバッグ」**に効果があります。

■ フロー

「コンパイル」を開始してから終了するまでの流れのことを、「翻訳段階」(Translation phases)といい、「**8段階**」に分かれています。

この流れは「**ANSI C**」の規格として決められていることなので、どの「コンパイラ」でも同じ動作になります。

「**C11**」の規格である「ISO/IEC 9899:2011」では、「5.1.1.2 Translation phases」に記載があります。

[1]「**改行コード**」を変換する。
　　「トライ・グラフ」の一文字への変換を行なう。

[2]「マクロ定義」において複数行になっている内容を1行に「連結」する。
　　具体的には、行末に「¥ + 改行」があれば、その2文字を「削除」するという処理を行なう。
　　また、空ではない「ソース・ファイル」は「改行」で終わっている必要がある。

[3]「コメント」（注釈）を1つの「空白文字」に変換する。
　　ただし、「改行」が含まれる「コメント」は、「改行コード」が残される。

[4]「**プリプロセッサ**」によって「プリプロセス」（前処理）が実施され、「マクロ」の展開が行なわれる。
　　「_Pragma」(C99からの機能)を展開する。
　　また、「include」行があれば、その「ヘッダ・ファイル」に関して前記[1]～[4]を行なう。
　　この段階で、すべての「プリプロセッサ指示」が削除される。

[5]「**エスケープ・シーケンス**」を「実行文字集合」の文字に変換する。
　　たとえば、「¥x1b」が「プログラム」中に記述されていれば、「制御コード」の「1b」(16進数)に「置換」する。

[6]「**文字列リテラル**」の「連結」を行なう。
　　「二重引用符」(")で「"A""B""C"」のような記述があれば、1つの「"ABC"」に「置換」する。

[7]「**字句解析**」・「**構文解析**」・「**意味解析**」(・**最適化**)が実施され、「機械語」が生成される。

[8]「ライブラリ」や他の「オブジェクト・ファイル」との「リンク」が実施される。

＊

　では、実際に「サンプル・コード」を作って、これらの動きを確認していきます。

第2章 コンパイルとリンク

●翻訳段階[1]

まず「翻訳段階」の1番目です。

「トライ・グラフ」(三文字表記)という見慣れない言葉が出てきましたが、通常使うことはないので、気にしなくていいです。

「gcc」も「デフォルト」で「トライ・グラフ」を無視するようになっています。

「トライ・グラフ」というのは「三文字」を使って、特定の「記号」を表現する仕組みです。

トライグラフ	変換後の文字
??=	#
??(	[
??/	¥
??)	]
??'	^
??<	{
??!		
??>	}
??-	~

*

以下に、「サンプル・コード」を示します。

*

「デフォルト」では「コンパイル・エラー」になるため、「-trigraphs」オプションを「付与」します。

これは、「-ansi」や「-std=XX」オプションでもいいです。

「トライ・グラフ」という仕組みは「メイン・フレーム」などの古い装置をターゲットとした「ソース・コード」で使われていました。しかし、現在では、業務で使われることはありません。

「**競技プログラミング**」(競プロ)で意図的に使われることがあるぐらいです。

64

[2-1] 2章の概要

[trans_ex1.c]

```c
/*
 * 翻訳段階サンプルコード：
 * トライグラフ
 */
??=include <stdio.h>

int main(void)
??<
    printf("Eh??/n");
    return 0;
??>
```

実行結果

```
# cc trans_ex1.c
trans_ex1.c:5:1: 警告: トライグラフ ??= は無視されました。有効にす
るには -trigraphs を使ってください [-Wtrigraphs]
 ??=include <stdio.h>

trans_ex1.c:5:1: エラー: expected identifier or '(' before
 '?' token
 ??=include <stdio.h>
     :
     :
# cc -trigraphs trans_ex1.c
# ./a.out
Eh
```

●翻訳段階[2]

「空ではない「ソース・ファイル」は「改行」で終わっている必要がある」、と
いう意味深な一文があります。

これは、「「ソース・ファイル」の最後には必ず「改行コード」が必要」、とい
う意味です。

そうでない場合は、「C言語」の「仕様違反」となるため、「コンパイラ依存」
の動作となります。

65

第4章　コンパイルとリンク

とはいえ、「コンパイラ」が気を利かせて、あたかも「改行」があるかのように振る舞ってくれることがあります。

そのため、この「仕様違反」があっても気づかない場合もあります。

＊

以下に例を示しますが、「ヘッダ・ファイル」の末尾には「改行コード」がなく、「ソース・ファイル」(.c)で「include」しているとして、たとえば、

```
        #include "trans_ex1.h"
        int main(void)
                ↓
        #define DEBUG(n) printf("%d¥n",n)  int main(void)
```

というように「コード」が変換されると、「プログラム」が意図した通りには動作しません。

しかし、「gcc」は気を利かせてくれるので、問題なく「コンパイル」ができます。

[trans_ex2.h]

```
#define DEBUG(n) printf( "%d¥n" ,n)[EOF]
```

[trans_ex2.c]

```
/*
 * 翻訳段階サンプルコード:
 * 末尾改行なし
 */
#include <stdio.h>
#include "trans_ex1.h"
int main(void)
{
    int n = 0;

    DEBUG(n);

    return 0;
}[EOF]
```

66

[2-1] 2章の概要

```
実行結果
```
```
# file trans_ex2.*
trans_ex2.c: C source, UTF-8 Unicode text
trans_ex2.h: ASCII text, with no line terminators
# cc -Wall trans_ex2.c
# ./a.out
0
```

「マクロ定義」が「複数行」になっているというのは、たとえば以下のような
「コード」のことです。

この「翻訳段階」では「複数行の連結」をするだけで、まだ「マクロの展開」は
しません。

[trans_ex2b.c]

```
#define DBGPRINT(n) { ¥
    printf( "%s(%s:%d): n %d¥n" , ¥
            __func__, ¥
            __FILE__, __LINE__, ¥
            n); ¥
}
```

```
●翻訳段階[3]
```
この段階にきて、「コメント」の「除去」が行なわれます。

「C言語」の**コメント**は、お馴染みの「/*~*/」に加えて、「C99」以降では「//」
も使えます。

*

厳密には、「コメントは削除される」というよりも、「1つの「空白文字」に「変
換」される」ということですが、「マクロ」の中で「コメント」を使うのはよくな
い、とされています。

*

以下に2つの「マクロ定義」の例を示しますが、「シングルライン・コメント」
(//)を使っているほうは「コンパイル・エラー」になります。

第**2**章　コンパイルとリンク

[trans_ex3.c]

```
#define DBGPRINT(n) { ¥
    /* コメント */ ¥
    printf("n %d¥n", n); ¥
}
```

[trans_ex3b.c]

```
#define DBGPRINT(n) { ¥
    // コメント ¥
    printf("n %d¥n", n); ¥
}
```

後者の「マクロ」は「翻訳段階[2]」の時点で、以下のように「変換」されます。

```
{ // コメント printf( "n %d¥n" , n); }
```

そして、「//」以降が、すべて「コメント」と見なされ、「翻訳段階[3]」を終了した時点では、**先頭の「{」だけが残されてしまう**のです。

●翻訳段階[4]

この段階ですべての「マクロ」が展開されて、「プリプロセッサ指示」も、すべて「ソース・ファイル」上からなくなります。

＊

※「プリプロセッサ指示」というのは、「シャープ」(#)記号で始まる「キーワード」のことです。

＊

また、「_Pragma演算子」も、この段階で処理されます。

「_Pragma」は「C89」にはなく、「C99」から導入された仕組みです。
「**プラグマ**」(#pragma)を「マクロ展開」に含めることができます。

「_Pragma演算子」の「引数」には「文字列リテラル」しか指定できないので、「プリプロセッサ指示」の「#」を使って渡すのがポイントです。

＊

68

[2-1]　2章の概要

　「文字列」を「連結」する「二重引用符」(")を指定しても、この段階では「連結」されず、「コンパイル・エラー」になるので、要注意です。

*

以下に「サンプル・コード」を示します。

[trans_ex4.c]

```
/*
 * 翻訳段階サンプルコード:
 * マクロ展開とプラグマ
 */
#include <stdio.h>

#define PRAGMA_STR(n) _Pragma(#n)
#define PRAGMA(n) PRAGMA_STR(pack(n))

int main(void)
{
    char *s = "¥x1b[43m"
              "test"
              "¥x1b[0m";

    PRAGMA(1);
    printf("%s¥n", s);

    return 0;
}
```

　「gcc」には「オプション」で「-P -E」を付けると、「プリプロセス処理」の終了段階で「コンパイル処理」を「停止」させることができます。

　これによって、「プリプロセス結果」を目視確認することができます。

実行結果

```
# cc  -P -E trans_ex4.c > trans_ex4.i
# cat trans_ex4.i
int main(void)
{
 char *s = "¥x1b[43m"
```

69

第2章　コンパイルとリンク

```
          "test"
      "¥x1b[0m";

#pragma pack(1)
;
 printf("%s¥n", s);
 return 0;
}
```

●翻訳段階[5]

この段階では「エスケープ・シーケンス」を「制御コード」に変換します。

「翻訳段階[4]」で紹介した「サンプル・コード」で、以下の「コード」があり
ましたが、「¥x1b」の箇所が「エスケープ・シーケンス」に相当します。

これは「0x1b」という意味なので、「制御コード」の「ESC」に該当します。

もし、「¥x」に続く「数値」が不正である場合は、「コンパイル」時に「警告」、
または「エラー」になります。

```
    char *s = "¥x1b[43m"
              "test"
              "¥x1b[0m";
```

●翻訳段階[6]

この段階では「文字列リテラル」の「連結」を行ないます。

*

以下に、例を示します。

```
    char *s = "¥x1b[43m"
              "test"
              "¥x1b[0m";
           ↓
    char *s = "¥x1b[43mtest¥x1b[0m";
```

もし、「マクロ定義」の中で「文字列リテラル」の「連結」の記述があったとし
ても、「翻訳段階[4]」のタイミングでは「連結」されません。

[2-1] 2章の概要

●翻訳段階[7]

　この段階でようやく「C言語」の「ソース・コード」から「機械語」に「変換」がなされます。

　ただし、この段階ではまだ**「実行プログラム」**として動くものではありません。

　単純に1つの「ソース・ファイル」が**「機械語」**に「変換」されただけの状態になります。

　この「変換」されたものを、**「オブジェクト・ファイル」**と呼びます。

＊

　「gcc」の「オプション」で**「-c」**を付けると、「コンパイル」を「翻訳段階[7]」で停止して、**「オブジェクト・ファイル」**(拡張子は.o)を生成することができます。

＊

　厳密には「コンパイル」という操作は、この段階までのことを言います。

＊

　「**objdump**コマンド」で「オブジェクト・ファイル」の「ファイル・ヘッダ」を見ると、「HAS_RELOC」で「開始アドレス」が「ゼロ」となっているのは、この「ファイル」が「再配置可能」**(Relocatable)** であるという意味です。

＊

　「プログラム」の「コード」を**実行**するには、「**メモリ**」上に**配置**する必要があります。

　しかし、「オブジェクト・ファイル」は、「まだどこにも配置されていない」、つまり「どこにでも配置できる」という意味で、「再配置可能」と呼ばれます。

実行結果

```
# cc -c trans_ex4.c
# file trans_ex4.o
trans_ex4.o: ELF 64-bit LSB relocatable, x86-64, version 1
(SYSV), not stripped
# objdump -f trans_ex4.o
trans_ex4.o:     ファイル形式 elf64-x86-64
アーキテクチャ: i386:x86-64, フラグ 0x00000011:
HAS_RELOC, HAS_SYMS
開始アドレス 0x0000000000000000
```

第2章 コンパイルとリンク

●翻訳段階[8]

この段階は「**リンク**」と呼ばれる工程で、「実行プログラム」を作るために必要な「**モジュール**」を、「翻訳段階[7]」で作った「**オブジェクト・ファイル**」に「**結合**」します。

＊

「objdumpコマンド」で「実行プログラム」の「ファイル・ヘッダ」を見ると、「再配置可能」ではなくなり、「開始アドレス」も「ゼロ以外の値」になっています。

＊

「**ldd**コマンド」を使うと、「リンク」されている「モジュール」が分かります。

「オブジェクト・ファイル」には、そのような「モジュール」はありません。

実行結果

```
# cc trans_ex4.o
# objdump -f a.out
a.out:        ファイル形式 elf64-x86-64
アーキテクチャ: i386:x86-64, フラグ 0x00000112:
EXEC_P, HAS_SYMS, D_PAGED
開始アドレス 0x0000000000400400

# ldd trans_ex4.o
ldd: warning: you do not have execution permission for `./
trans_ex4.o'
        not a dynamic executable
# ldd a.out
        linux-vdso.so.1 (0x00007ffd561e3000)
        libc.so.6 => /lib64/libc.so.6 (0x00007f98aca0e000)
        /lib64/ld-linux-x86-64.so.2 (0x00007f98acdcd000)
```

＊

本章では「C言語」の「コンパイル」の「流れ」について、「翻訳段階」という視点で見てきました。

この「流れ」を押さえておけば、「プログラム」の「デバッグ」に役に立ちます。

「マクロ定義」が複雑でどう「展開」されるのかよく分からない場合は、「**gcc -P -E**」で「プリプロセス結果」を確認すればいいです。

「リンク」されている「ライブラリ」が正しいかを知りたいときは、「ldd」で確認することができます。

「コンパイル」の流れは、「アプリケーション」だけでなく、「ライブラリ」「デバイス・ドライバ」（カーネル・モジュール）でも同様です。

MEMO

第3章

printfの仕組み

　3章では、開発者が頻繁に使う「printf」の「仕組み」について見ていきます。

　たかが「printf」と揶揄されることもありますが、その「仕組み」を理解することで「デバッグ・スキル」が向上します。

第3章	printf の仕組み

3-1　　　　　　　3章の概要

　3章では、開発者がよく使う「printf」について、"深掘り"し、その「仕組み」
を理解します。

　その「仕組み」を知ることで、「プログラム」の「動作性能」への影響について
知見を深めることができ、「デバッグ手法」を確立するのに役立ちます。

■ 「printf」とは

　「**printf**」というのは定番すぎる機能で、いまさら感があるかもしれません
が、今一度その「仕組み」を振り返ってみます。

*

　「**ANSI C**」の規格書(C11)には、「printf関数」は、以下のように説明されて
います。

[7.21.6.3 The printf function]

---

int printf(const char * restrict format, ...);

Description

The printf function is equivalent to fprintf with the argument

stdout interposed before the arguments to printf.

　　　↓(拙訳)

printf関数は、第1引数にstdoutを指定したfprintf関数と同じ機能を持つ。

　これには「printf」の詳細は書かれておらず、「fprintf関数」の説明を見る必
要があります。

　ここで注目すべきは、「fprintf関数」は、「printf関数」と比較して「引数」が
1つ多い、ということです(「stream引数」が追加されている)。

76

[3-1] 3章の概要

[7.21.6.1 The fprintf function]

int fprintf(FILE * restrict stream,

const char * restrict format, ...);

Description

The fprintf function writes output to the stream pointed to by stream,

under control of the string pointed to by format that specifies

how subsequent arguments are converted for output. If there are

insufficient arguments for the format, the behavior is

undefined. If the format is exhausted while arguments remain,

the excess arguments are evaluated (as always) but are otherwise

ignored.

The fprintf function returns when the end of the format string is

encountered.

↓(拙訳)

「fprintf関数」は、「streamポインタ」が指し示す「**ストリーム**」に出力を行ないます。

出力の内容は、「format文字列ポインタ」で指定した形式になります。

もし、「書式」に対する「引数」が不足している場合は、「動作」が「未定義」となります。

もし、「書式」に対する「引数」が多すぎる場合は、「超過した引数」は無視されます。

「fprintf関数」は、「format文字列」に書き込んだ「文字数」を返します。

つまり、「printf」は「stdout」というものに「データ」を書き込むための「関数」であることが分かります。

*

それでは「stdout」というのは、いったい何を意味するのでしょうか。

77

第3章 printfの仕組み

■「stdout」とは

「stdout」(Standard output)は、「標準出力」という意味の用語です。

「stdout」は、「stdin」と「stderr」とともに語られることが多いです。

用　語	意　味
stdin(Standard input)	標準入力
stdout(Standard output)	標準出力
stderr(Standard error)	標準エラー出力

「ANSI C」の「規格書」(C11)には、以下の説明があります。

[7.21.1 Introduction]

stderr
stdin
stdout
which are expressions of type "pointer to FILE" that point to the FILE
objects
associated, respectively, with the standard error, input, and output
streams.
　　　↓(拙訳)
　「stderr」「stdin」「stdout」は「FILE」への「ポインタ型」であり、「FILE構造体」を指し示し、それぞれ「標準エラー出力」「標準入力」「標準出力」という「ストリーム」を表わします。

　上記の説明だけだと分かりにくいので、具体的に言い換えます。

＊

　「標準入力」というのは、「端末上で実行されている「アプリケーション」」に対して、「「キーボード」から「キー入力」する」ことです。
　「<」という「リダイレクト機能」を使って、「アプリケーション」に「データ」を送り込むこともできます。

[3-1] 3章の概要

「**標準出力**」は、「端末上で実行されている「アプリケーション」」が自身の端末上に、「メッセージ」を表示する」ことです。

「>」という「リダイレクト機能」を使って、表示内容を「ファイル」に書き込むこともできます。

「**標準エラー出力**」は、「標準出力」と似ており、「端末上で実行されている「アプリケーション」」が自身の端末上に、「メッセージ」を表示する」ことです。

しかし、「>」という「リダイレクト機能」では「出力結果」を「リダイレクト」することはできません。

代わりに、「>&」という「リダイレクト機能」を使う必要があります。

*

「**標準出力**」と「**標準エラー出力**」が「機能」として分けられているのには意味があります。

「アプリケーション」が「出力」する「通常メッセージ」と「エラー・メッセージ」を区別したいからです。

たとえば、「アプリケーション」の「出力結果」を「ファイル」に「リダイレクト」している最中に、「アプリケーション」の「動作」に異常が発生した場合、「エラー・メッセージ」を「リダイレクト先のファイル」ではなく、端末上に「出力」した方が「ユーザー」にわかりやすいです。

こういった用途のために2つに「機能」が分けられています。

そして、「標準入力」「標準出力」「標準エラー出力」は「ユーザー空間」で使うことができますが、「カーネル空間」では使うことができません。

つまり、「デバイス・ドライバ」(カーネル・モジュール)では「printf」ができないということです。

これについては詳細を後述します。

79

■「stdout」の正体

「ANSI C」の「規格書」では「stdout」は「FILE構造体へのポインタ」であると書かれていますので、実際にそうなのか確認してみます。

*

「/usr/include 配下」にある「stdio.h」ヘッダを開きます。

「stdout」は「_IO_FILE構造体」への「ポインタ」となっており、ここだけ見ると「FILE構造体」ではなさそうです。

[/usr/include/stdio.h]

```
/* Standard streams.  */
extern struct _IO_FILE *stdin;      /* Standard input
stream.  */
extern struct _IO_FILE *stdout;     /* Standard output
stream.  */
extern struct _IO_FILE *stderr;     /* Standard error
output stream.  */
/* C89/C99 say they're macros.  Make them happy.  */
#define stdin stdin
#define stdout stdout
#define stderr stderr
```

しかし、「FILE構造体」の「定義」を見ると、「_IO_FILE構造体」の「**typedef**」であることが分かります。

[/usr/include/bits/types/FILE.h]

```
typedef struct _IO_FILE FILE;
```

つまり、「stdout」は「ポインタ変数」です。

「アプリケーション・プログラム」を起動したときに、「glibc」の「スタートアップ・プログラム」で「ポインタ」の中身を「自動的」に用意してくれるため、「アプリケーション・プログラム」からの「初期化」は不要となります。

「stdin」と「stderr」に関しても、同様です。

[3-1] 3章の概要

「stdout」は「FILE構造体へのポインタ」であることから「**ファイル・ハンドル**」(ファイル・ディスクリプタ)であると言えます。

「fopen関数」を使って「ファイル」を開くのと同様、「stdout」(「stdin」も「stderr」)も「ファイル」の一種となります。

*

実際に「サンプル・コード」で確認してみます。

「プログラム」の起動後、終了しないようにするため「**無限ループ**」にしています。

[stdout.c]

```c
#include <stdio.h>

int main(void)
{
    for (;;)
        ;

    return 0;
}
```

実行結果

....

./a.out

次に、「実行プログラム」の「**PID**」(プロセス番号)を調べます。

「Linux」では「**/proc/PID/fd**」を「参照」すると、その「プロセス」が現在開いている「ファイル・ハンドル」を確認することが、できるようになっています。

*

以下の「実行結果」によると、「**0**」と「**1**」と「**2**」の「3つのファイル」を開いていることが分かります。

この3つが「**stdin**」「**stdout**」「**stderr**」を表わしているのですが、「FILE構造体」への「ポインタ」と「番号」の「対応付け」が不明です。

81

第3章 printfの仕組み

実行結果

```
# ps -ef | grep a.out
yutaka      2746    2403 98 20:40 pts/1    00:07:03 ./a.out
yutaka      2831    2460  0 20:47 pts/2    00:00:00 grep
 --color=auto a.out
# ls -l /proc/2746/fd
合計 0
lrwx------. 1 yutaka yutaka 64  6月 26 20:47 0 -> /dev/pts/1
lrwx------. 1 yutaka yutaka 64  6月 26 20:47 1 -> /dev/pts/1
lrwx------. 1 yutaka yutaka 64  6月 26 20:47 2 -> /dev/pts/1
```

ここで「用語」を整理します。

「fopen関数」で「ファイル」を「オープン」した場合、「関数」の「返り値」は「FILE構造体へのポインタ」となります。

「stdout」も「FILE構造体へのポインタ」です。

しかし、「Linuxカーネル」(OS)内部で「オープン」されている「ファイル」を管理するために、「数値」の「ゼロ」から「連番」で割り振った「ファイル・ディスクリプタ」という「数字」が使われます。
「open関数」の「返り値」も「ファイル・ディスクリプタ」となります。

つまり、「FILE構造体」というものは「glibc」の内部で「管理用」に使われる「データ構造」であると言えます。

「FILE構造体」にしろ「ファイル・ディスクリプタ」にしろ、1つの「ファイル」を管理していることに変わりはありません。

しかし、より高度な「ファイル操作」を行ないたい場合には、「FILE構造体」が便利です。
いわば、「FILE構造体」は「ファイル・ディスクリプタ」を内包する「便利機能」であると言えます。

「FILE構造体」と「ファイル・ディスクリプタ」を、ひっくるめて「ファイル・

[3-1] 3章の概要

ハンドル」と呼ぶこともあります。

＊

「FILE構造体」から「ファイル・ディスクリプタ」を求めるには、「fileno関数」を使います。

実は、「FILE構造体」の「メンバー」(_fileno)を直接見ることもできるのですが、「構造体」の「メンバー定義」は、今後変わる可能性があるため、直接見る方法はよくありません。

[stdout_fileno.c]

```c
#include <stdio.h>

#define FILENO(X) printf(#X " %d %p¥n" , fileno(X), X)
#define FILENO_REF(X) printf(#X " %d %p¥n" , X->_fileno, X)

int main(void)
{
    // fileno関数によるファイルディスクリプタの確認
    FILENO(stdin);
    FILENO(stdout);
    FILENO(stderr);

    printf("¥n");

    // 構造体参照によるファイルディスクリプタの確認
    FILENO_REF(stdin);
    FILENO_REF(stdout);
    FILENO_REF(stderr);

    return 0;
}
```

実行結果

```
stdin 0 0x7f50a30e9a00
stdout 1 0x7f50a30ea760
stderr 2 0x7f50a30ea680

stdin 0 0x7f50a30e9a00
```

```
stdout 1 0x7f50a30ea760
stderr 2 0x7f50a30ea680
```

以上の結果により、

FILE構造体へのポインタ	ファイル・ディスクリプタ
stdin	0
stdout	1
stderr	2

であることが分かります。

*

　ここで、「/proc/PID/fd」の結果を見ると、「ファイル・ディスクリプタ」が、
「/dev/pts/1」への「シンボリック・リンク」となっています。

　「dev」は「デバイス」(Device)、「pts」は「擬似端末スレーブ」(Pseudo terminal
slave)という意味ですが、「/dev/pts/1」というのは「ログイン」している「**端末**」
を指します。

　「**ttyコマンド**」を「実行」すると、「端末」の「名前」が分かります。

実行結果
....
```
# tty
/dev/pts/1
```

[3-2] printfの出力先

3-2 printfの出力先

前節でprintfの出力先が「stdout」であることを説明しましたが、本節ではもう少し、"掘り下げ"を行ないます。

■「フォア・グラウンド」と「バック・グラウンド」の違い

以下に「サンプル・コード」では、「printf関数」を使っているので、「プログラム」を実行した「端末」上に「メッセージ」が「出力」されます。

[printf_normal.c]

```c
#include <stdio.h>

int main(void)
{
    printf( "hello, world.\n" );

    for (;;)
        ;

    return 0;
}
```

実行結果

```
# ./a.out
hello, world.
```

では、「プログラム」を実行する際、末尾に「&」を付けて「バック・グラウンド」化した場合は、どうなるでしょうか。

以下の「実行結果」を見ると、「printf」の「出力結果」は「端末」上に表示されています。

「/proc/PID/fd」の結果を見ても、「stdout」(ファイル・ディスクリプタ1番)は「端末」を指し示しています。

85

第3章 printfの仕組み

つまり、「バック・グラウンド」化しても「端末」とのつながりが切れていない(「親プロセス」が「シェル」のまま)である、ということです。

実際、「psコマンド」で「a.out」の「PPID」(親プロセスID)を見ると、「シェル」(bash)になっています。

実行結果

```
# ./a.out &
[1] 2343
# hello, world.

# ls -l /proc/2343/fd
合計 0
lrwx------. 1 yutaka yutaka 64  6月 27 20:37 0 -> /dev/pts/0
lrwx------. 1 yutaka yutaka 64  6月 27 20:37 1 -> /dev/pts/0
lrwx------. 1 yutaka yutaka 64  6月 27 20:37 2 -> /dev/pts/0
# tty
/dev/pts/0
```

「実行プログラム」を「バックグラウンド・デーモン」として動かしたい場合、「printf」による「メッセージ出力」が「ユーザー」の「端末」上に出てきてもらっては困ります。

そこで、「Linux」には「実行プログラム」を「バックグラウンド・デーモン」化してくれる、「daemon()」という「関数」が用意されています。

「man daemon」で「manページ」に「関数」の使い方が書いてあります。

```
#include <unistd.h>
int daemon(int nochdir, int noclose);
```

「daemon関数」を呼び出すと、そのタイミングで「バックグラウンド・デーモン」化され、「printf」の「出力」がどこにもされなくなります。

[3-2] printf の出力先

[printf_background.c]

```c
#include <stdio.h>
#include <unistd.h>

int main(void)
{
    daemon(0, 0);

    printf( "hello, world.¥n" );

    for (;;)
        ;

    return 0;
}
```

「プログラム」を起動すると、すぐに「シェル」の「プロンプト」が返ってきます。

「psコマンド」で見ると、「プログラム」は「実行中」であり、「printf」の「出力」はなく、「バックグラウンド・デーモン」化されています。

「/proc/PID/fd」を見ると、「stdin」「stdout」「stderr」がすべて、「/dev/null」デバイスへ「リダイレクト」されています。

つまり、「printf」の「出力」先である「stdout」は、「メッセージ」がすべて「**/dev/null**」に捨てられていることになります。

また、実行プログラム(a.out)の親プロセスがシェルではなく、「**systemd**」(PPID=1)になっていることにも注目です。

> **実行結果**

```
# ./a.out

# ps -ef | egrep "a.out|PID"
UID          PID    PPID  C STIME TTY              TIME CMD
```

87

第3章 printfの仕組み

```
yutaka      1706        1 98 16:35 ?          00:10:34 ./a.out
yutaka      1729     1488  0 16:46 pts/0      00:00:00 grep -E
--color=auto a.out|PID
# ls -l /proc/1706/fd
合計 0
lrwx------. 1 yutaka yutaka 64   6月 28 16:51 0 -> /dev/null
lrwx------. 1 yutaka yutaka 64   6月 28 16:51 1 -> /dev/null
lrwx------. 1 yutaka yutaka 64   6月 28 16:51 2 -> /dev/null

# ps -ef | egrep "PID|systemd"
UID          PID    PPID  C STIME TTY          TIME CMD
root           1       0  0 16:02 ?          00:00:01 /usr/
lib/systemd/systemd
 --switched-root --system --deserialize 32
```

　「daemon関数」が行なっていることはシンプルで、以下の通りです。

---

[1]「fork」を「実行」する。

[2]「親プロセス」(bash)は終了させる。

　　　つまり、「親プロセス」が「systemd」に変わる。

[3]「子プロセス」として以降、動作する。

[4]新しい「セッション」を作成する。

[5]「ルート・ディレクトリ」(/)へ移動する。

[6]「stdin」「stdout」「stderr」を「/dev/null」に向ける。

　以上のように、「printf関数」による「メッセージ出力」は必ずしも表示されるわけではありません。

*

　「プログラム」を「デバッグ」する際に、「**printfデバッグ**」は定石の手法ではありますが、「バックグラウンド・デーモン」の場合には使えないので、別の手段を考える必要があります。

　たとえば、「デバッグ」のために、(A)「フォア・グランド」で「プログラム」を起動するようにする、(B)「printf」ではなく「ログ採取」する仕掛けを作り込んでおく、といったことです。

[3-2] printf の出力先

■「printf」の「オーバー・ヘッド」

「プログラム」の「デバッグ」として定番の「printf デバッグ」は、誰でも経験があるでしょうし、「printf デバッグ」しか使ったことない方もいらっしゃるかもしれません。

「printf デバッグ」は昔からある「手法」で、古臭くもありますが、今でも通用する現役の「手法」であり、「プログラム」の動きを調べるのに役に立ちます。

*

「開発」の「ベース」となる「プログラム」の「動作」を知りたい場合に、最初から「トレース」や「ログ採取」する「仕掛け」が実装されている場合はいいです。

しかし、現実はそのような「仕掛け」がないことが多いので、自分で作り込む必要があります。

そして、そのお手軽に使える「printf 関数」ですが、「関数」の内部で実にさまざまな「処理」を行なっているため、「関数」の「オーバー・ヘッド」が大きいのです。

そのため、「プログラム」の「性能」に影響が出る場合があります。

*

実際に、「printf 関数」の呼び出す「フロー」を見てみます。

「printf 関数」を呼び出してからの、大まかな流れは、以下の通りです。

・printf → glibc 内部処理 → write システムコール → カーネル内部処理

「printf 関数」は「glibc 内部」で実装されており、「write システム・コール」を「発行」するところまで行ないます。

「**システム・コール**」を「発行」すると、「Linux カーネル」に「処理」が「遷移」します。

*

以下に、「glibc」における「関数」の「呼び出し」から、「システム・コール発

第3章 printfの仕組み

行」までの流れを示します。

実にたくさんの「呼び出し」があることが分かります。

「glibc」の「ソース・コード」は複雑怪奇なので、「デバッガ」で追っていくほうが効率的です。

「dnf debuginfo-install glibc-2.27-8.fc28.x86_64」コマンドで「**デバッグ・シンボル**」を導入すれば、「gdb」で簡単に調べられて、便利です。

```
printf()
→ __printf
→ vfprintf()
→ outstring()
→ PUT()
→ _IO_sputn()
→ _IO_XSPUTN
→ __xsputn
→ xsputn
→ _IO_new_file_xsputn
→ new_do_write
→ _IO_SYSWRITE
→ IO_validate_vtable
→ _IO_new_file_write
→ __libc_write
→ INTERNAL_SYSCALL
→ SYSCALL_CANCEL
→ writeシステムコール(アセンブラ)
```

*

以下の「サンプル・コード」を使って「動作」を検証してみます。

まず、「gcc」の「オプション」に「-fno-builtin-printf」をつけることで、「コンパイラ」が「printf関数」を「別関数」に「置換」することを「抑止」します。

*

以下の「サンプル・コード」の場合、「printf関数」で「書式」を使わずに「文字列」を「出力」しているだけなので、「gcc」が「**puts関数**」に置き換えてしまいます。

[3-2] printf の出力先

[printf_ex1.c]

```c
#include <stdio.h>

int main(void)
{
    printf( "hello, world.\n" );

    return 0;
}
```

「**strace**コマンド」を使うと、「実行プログラム」が使っている「システム・コール」を確認できます。

「-oオプション」を付けると、「システム・コール」の使用状況を「ファイル」に「出力」することができますが、付けない場合は「標準エラー出力」(stderr)に「出力」されます。

実行結果

```
# cc -fno-builtin-printf printf_ex1.c
# strace -o data_ex1.txt ./a.out
hello, world.

# tail data_ex1.txt
write(1, "hello, world.\n", 14)          = 14
```

「バックグラウンド・デーモン」の場合は、「straceコマンド」を指定すると「親プロセス」を「追跡」するだけです。
そこで、「子プロセス」を「追跡」するために「-fオプション」を付けます。

「バックグラウンド・デーモン」化された「プロセス」は「stdout」を「/dev/null」に向ける必要があります。
そのため、「dup2関数」(「ファイル・ディスクリプタ」の「複製」を行なう)でstdoutを閉じて/dev/nullをstdoutに再割り当てして、「writeシステム・コール」により「stdout」に「出力」されます。

第3章　printfの仕組み

[printf_ex2.c]

```c
#include <stdio.h>
#include <unistd.h>

int main(void)
{
    daemon(0, 0);

    printf( "hello, world.\n" );

    return 0;
}
```

実行結果

```
# cc -fno-builtin-printf printf_ex2.c
# strace -f -o data_ex2.txt ./a.out
# tail data_ex2.txt
2676  openat(AT_FDCWD, "/dev/null", O_RDWR) = 3
2676  dup2(3, 1)                        = 1
2676  close(3)                          = 0
2676  write(1, "hello, world.\n", 14)   = 14
```

＊

　さて、「printf関数」は「writeシステム・コール」を「発行」して、「処理」が終わるわけではありません。

　ここから先は「ユーザー空間」から「カーネル空間」に切り替わり、「Linuxカーネル」内の「処理」に遷移し、その「処理」が終わるまで、「printf関数」は待たされます。

　そして、「stdout」から先ほどの「デバイス」に「リダイレクト」されているかで、「カーネル」内の「処理」がまったく変わってきます。

＊

　まずは、簡単な例として、「stdout」が「/dev/null」に「リダイレクト」されている「ケース」が下図になります。

92

[3-2] printf の出力先

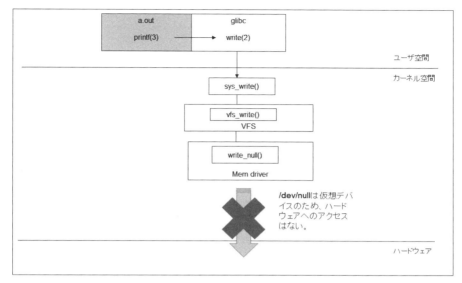

[/dev/nullへの出力]

＊

「バックグラウンド・デーモン」がこちらに該当します。

「カーネル」内では「writeシステム・コール」を処理する「sys_write関数」から始まり、「**VFS領域**」を通り、「**memドライバ**」に到着します。

「/dev/nullデバイス」は「memドライバ」が制御しているためです。

最終的に「memドライバ」の「write_null関数」で、「データ」が破棄されます。

＊

この後、「writeシステム・コール」は終了し、「ユーザー空間」に「処理」を返します。

「glibc」の「printf関数」は「出力」した「文字数」として、「カーネル空間」から「データ・サイズ」を受け取り、「printf関数」の「返り値」とします。

＊

第3章 printfの仕組み

　下図は「stdout」が「シリアル・コンソールデバイス」(/dev/console)に「リダイレクト」されているケースです。

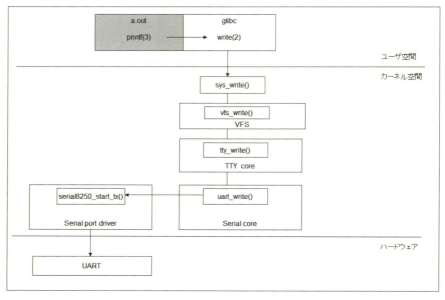

[シリアル・コンソールへの出力]

　「組み込み開発」で定番の「フロー」です。

　「カーネル内部」では「VFS領域」を通った後は「TTY領域」に移り、「シリアルポート・ドライバ」に制御が渡ります。

＊

　「シリアルポート・ドライバ」では「1文字」ずつ「デバイス」に書き込むため、「処理」が遅く、「カーネル」内での「処理」が完了するまで「printf関数」が返ってこないため、「性能」に影響してきます。多用は禁物です。

＊

【3-2】 printf の出力先

下図は「stdout」が「疑似端末」(pty)に「リダイレクト」されているケースです。

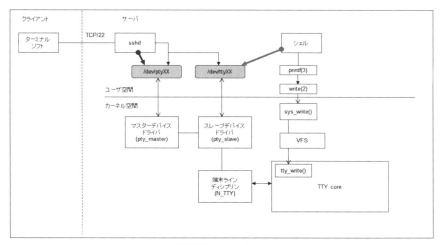

[擬似端末への出力]

「**SSH**」で接続した「端末」上で「printf関数」を呼び出した場合に該当しますが、「処理」が複雑になっています。

＊

「シェル」上で「printf」した結果を「**ターミナル・ソフト**」に表示するためには、まず「シェル」(bash)と「SSHサーバ」(sshd)をつなぐ必要があります。

最初に、「クライアント」から「サーバ」に「SSH接続」されたときに、「SSHサーバ」が「openpty関数」を使って「疑似端末」を作成し、「マスター・デバイス」(pty_master)を制御する「/dev/ptyXXデバイス・ファイル」と、「スレーブ・デバイス」(pty_slave)を制御する「/dev/ttyXXデバイス・ファイル」を用意します。

＊

その後、「SSHサーバ」は、「シェル」を「子プロセス」として生成します。

＊

「SSHサーバ側」は「マスター・デバイス」を開き、「シェル側」は「スレーブ・デバイス」を開くことで、お互いが接続されます。

この状態になると、「シェル」上での「printf」の結果が「カーネル内部」を渡っ

第3章 printfの仕組み

て、「SSHサーバ」まで渡されます。

そして、「SSHサーバ」は「ネットワーク」経由で「クライアント」に送ります。
*
「printf関数」は、「端末ライン・ディシプリン」(N_TTY)という「モジュール」まで「データ」を渡すまでは、「関数」が返ってきません。

「SSHサーバ」が「データ」の「引き取り」が遅れていると、「カーネル」内で「待ち」に入ることがあり、それだけ「printf関数」の「返り」が遅延します。

MEMO

3-3 カーネル空間でのprintf

本節では「カーネル空間」での「プログラム」における「printf」について説明します。

■「printfデバッグ」は定石

「カーネル空間」での「プログラミング」というと、「デバイス・ドライバ」（カーネル・モジュール）です。

「Linuxカーネル」に「パッチ」を「適用」する、または「改修する」といったケースもあります。

*

「組み込み開発」の場合、すでに「ベース」となる「ソース・コード」があって、「機能要件」に応じた「カスタマイズ」していく、という「スタイル」が主流です。

「開発対象」となる「ハード・ウェア」に「ベース」の「コード」が対応していない場合は、自分で「デバイス・ドライバ」を作る必要があります。

「カーネル空間」での「プログラミング」で対象が「Linuxカーネル」でも「デバイス・ドライバ」だったとしても、「プログラマ」が行なう「デバッグ」が「printfデバッグ」が定番となっています。

*

そもそも、「カーネル・デバッガ」が使えない場合があります。

「カーネル・デバッガ」の使い方がよく分からない、といった理由もありますが、仮に「カーネル・デバッガ」が使えたとしても、あくまでも「ソフトウェア」に対してのみです。

「ハードウェア」の「動作」まで「コントロール」できないので、行き着く先として「printfデバッグ」が、いちばんお手軽という結論になります。

| 第3章 | printfの仕組み |

■「カーネル空間」での「printf関数」

「ユーザー空間」には「stdout」という「ファイル・ディスクリプタ」を使って「printf」が実現されていましたが、「カーネル空間」には「stdout」はありません。

そもそも、「カーネル空間」には「端末」も「ファイル」もないので、「printf」の「出力先」がそもそもありません。

それでも、「カーネル空間」では「printf」が使えます。
これは、いったいどういう「仕組み」になっているのでしょうか。

その「仕組み」について見ていきます。

*

まずは、「カーネル空間」で使える「printf関数」の「仕様」について以下に示します。

[include/linux/printk.h]

```
asmlinkage __printf(1, 2) __cold
int printk(const char *fmt, ...);
```

「**関数名**」は「printf」ではなく「**printk**」となります。

「ヘッダ・ファイル」と「関数」は**下記の箇所**にあります。

[kernel/printk/printk.c]

```
asmlinkage __visible int printk(const char *fmt, ...)
```

「printk関数」はどの「コンテキスト」からでも呼び出すことができるので、「割り込みハンドラ」でも使えるので、便利です。

「組み込みLinux」以外の「リアル・タイムOS」では、「割り込みコンテキスト」で「printf」が使えない場合があります。

[3-3] カーネル空間での printf

また、「printk」は「ANSI C」の「printf関数」に似せて作ってはあるのですが、「書式」が「独自拡張」されていて、かなり違いがあります。

詳細は「Linuxカーネル」の「ソース・コード」に同梱されている「Documentation/core-api/printk-formats.rst」ドキュメントに記載があります（vimでそのまま開けます）。

「printk関数」では、「引数」に指定された「データ」を、「ログ・バッファ」(__log_buf[])に書き出します。

「ログ・バッファ」は「**リング・バッファ**」として管理されるため、「バッファ」がいっぱいになった場合、「古いデータ」から「上書き」されていきます。

「ログ・バッファ」の「サイズ」は、「カーネル・コンフィグレーション」で変更でき、「デフォルト」は「256KB」です。

*

「Fedora」では「CONFIG_LOG_BUF_SHIFT=18」と定義されているので、「__LOG_BUF_LEN」が「1 << 18」つまり「2の18乗」で、「262144バイト」（256Kバイト）、というわけです。

[kernel/printk/printk.c]

```
#define __LOG_BUF_LEN (1 << CONFIG_LOG_BUF_SHIFT)
static char __log_buf[__LOG_BUF_LEN] __aligned(LOG_ALIGN);
```

「CONFIG_LOG_BUF_SHIFT」というのは「マクロ定義」ですが、「Linuxカーネル」を「ビルド」するときの「コンフィグレーション」で決まります。

「コンフィグレーション」の結果は「/boot配下」にある「configファイル」を見ると分かります。

[/boot/config-4.16.3-301.fc28.x86_64]

```
CONFIG_LOG_BUF_SHIFT=18
```

「ログ・バッファ」は「カーネル空間」の「メモリ」なので、「syslog」に書き出

第3章　printfの仕組み

すために「ユーザー空間」に吸い上げる必要があります。

　そこで「/dev/kmsg」という「デバイス・ファイル」を利用します。

*

　先頭に「"c"」とあることから「キャラクタ型デバイス」であり、「1, 11」を見ると、「メジャー番号」が「"1"」とあることから、「memドライバ」が制御していることが分かります。

　「"11"」というのは「マイナー番号」のことで、「memドライバ」の中で「「11番目のデバイス」として管理する」という意味です。

実行結果

```
# ls -l /dev/kmsg
crw-r--r--. 1 root root 1, 11  7月  2 16:36 /dev/kmsg

# cat /proc/devices | head
Character devices:
  1 mem
```

　「ユーザー空間」で「/dev/kmsg」デバイス・ファイルを開く「プロセス」が必要となりますが、「Fedora」では「systemd」という「プロセス」になります。

　「組み込みLinux」では「klogd」という「プロセス」が開いている場合があります。

　「dmesgコマンド」で「カーネル・メッセージ」を「参照」することができますが、「当該コマンド」も「/dev/kmsg」デバイスファイルに「アクセス」します。

　「fuserコマンド」を使うと、「デバイス・ファイル」をどの「プロセス」が開いているかを確認できます。

[3-3] カーネル空間でのprintf

実行結果

```
# fuser -v /dev/kmsg
                     USER         PID ACCESS COMMAND
/dev/kmsg:           root           1 F.... systemd
                     root         542 F.... systemd-journal
```

「systemd」(実際は「子プロセス」の「systemd-journal」)は吸い上げた「ログ・バッファ」の内容を、「ジャーナル・ログ」(/var/log/journal)に記録します。

*

以上の流れを下図に示します。

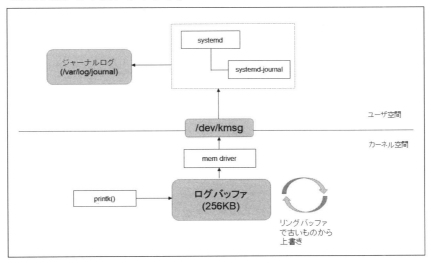

[printkの出力先]

「systemd」が「導入」されていない「Linux」では、「ログ・バッファ」の内容は「/var/log/messages」という「テキスト・ファイル」に記録されていました。

しかし、「systemd」が導入された「Linux」では、「ジャーナル・ログ」という「バイナリ・ファイル」に記録されるため、直接内容を「参照」することができません。

そこで「journalctlコマンド」を使って「参照」することになります。

第3章　printfの仕組み

実行結果

```
# journalctl -k
-- Logs begin at Mon 2018-05-14 17:08:37 JST, end at Tue
2018-07-03 15:44:23 JST. --
 7月 03 14:37:23 localhost.localdomain kernel: Linux
version 4.16.3-301.fc28.x86_64 (mockbuild@>
 7月 03 14:37:23 localhost.localdomain kernel: Command
line: BOOT_IMAGE=/vmlinuz-4.16.3-301.fc2>
        :
        :
```

*

「journalctlコマンド」の使い方について、以下にまとめておきます。

コマンド	説　明
journalctl -k	カーネルのログバッファを表示する
journalctl -e	最新データ(末尾から1000行)を表示する
journalctl -f	ログを監視する。tail -f/tail -Fと同様
journalctl -n XX	最新データ(末尾からXX行)を表示する
journalctl -b	Linux起動時からのログを表示する

　「デフォルト」では「ページャ」(less)による「ページ送り機能」が「有効」となりますが、「--no-pager」オプションを付けると「無効」となるため、「データ」を「ファイル」に落としたい場合に便利です。

　「journalctl -k --no-pager」を「実行」すると、実質「dmesgコマンド」と同じ結果となります。

　「journalctl --no-pager」を「実行」すると、「全ログを「テキスト」で出力」できます。

■ 落とし穴

　「printk関数」を使えば、「カーネル空間」でも「printf機能」が使えますが、ここで注意事項があります。

*

[3-3] カーネル空間での printf

「printk関数」の「呼び出し頻度」が高いと、「systemd」による「ログ・バッファ」の「吸い上げ」が間に合わず、「メッセージの消失」が起こりうる、ということです。

また、「ログ・バッファ」が「常時フル」になるため、「systemd」の「吸い上げ処理」も「常時動作」することになり、「システム全体の負荷」が上がります。
このような現象のことを、**「ログ・ラッシュ」**とか**「メッセージ・ラッシュ」**と言います。

この場合、重要な「メッセージ」が落ちることがあり、「障害解析」の足かせとなるため、「ITエンジニア」泣かせの現象です。

*

ここで、実際に「サンプル・ドライバ」を作って、「printk関数」の「動作」を見てみましょう。

「デバイス・ドライバ」（カーネル・モジュール）を「ビルド」するためには、以下の「パッケージ」を「導入」しておく必要があります。

・kernel-devel-4.16.3-301.fc28.x86_64
・elfutils-libelf-devel-0.172-2.fc28.x86_64

---

*

下記に「ソース・コード」を示します。

「ドライバ」が「ロード」および「アン・ロード」されたときに、「printk関数」を「呼び出す」だけの内容となっています。

[driver/sample.c]

```c
#include <linux/module.h>
#include <linux/kernel.h>

MODULE_LICENSE( "GPL" );
MODULE_DESCRIPTION( "This is a sample driver." );
MODULE_AUTHOR( "Yutaka Hirata" );
```

第3章　printfの仕組み

```c
static int __init sample_init(void)
{
    printk(KERN_ALERT "driver loaded\n" );

    return 0;
}

static void __exit sample_exit(void)
{
    printk(KERN_ALERT "driver unloaded\n" );
}

module_init(sample_init);
module_exit(sample_exit);
```

「Makefile」は以下の通りです。

[driver/Makefile]

```makefile
obj-m := sample.o

# ドライバのコンパイラオプションを追加したい場合は下記を指定する
EXTRA_CFLAGS +=

KERNELDIR := /lib/modules/$(shell uname -r)/build

# make -Cオプションで再帰呼び出しする場合、
# $(PWD)では正しく動作しない(親ディレクトリを引き継ぐ)ため、
# $(shell pwd)か$(CURDIR)を使うこと。
#PWD := $(PWD)           # NG
#PWD := $(CURDIR)
PWD := $(shell pwd)

all:
    make -C $(KERNELDIR) M=$(PWD) modules

clean:
    make -C $(KERNELDIR) M=$(PWD) clean
```

＊

上記２つの「ファイル」を「カレント・ディレクトリ」に置いて、「makeコマ

[3-3] カーネル空間での printf

ンド」で「ビルド」します。

　「ビルド」は「一般ユーザー権限」でできます。

＊

　「ビルド」が成功すると、「カレント・ディレクトリ」に「sample.ko」という「ファイル」が生成されます。

　「拡張子」の「".ko"」は「Kernel Object」という意味です。

　この「ファイル」が「デバイス・ドライバ」(カーネル・モジュール)の「実体」です。

＊

　「modinfoコマンド」を使うと、「デバイス・ドライバ」(カーネル・モジュール)の情報が取得できます。

　「vermagic」は、どの「Linuxカーネルの「バージョン」で「ビルド」されたか」を表わし、「ドライバ」は同じ「バージョン」の「Linux」にしか「適用」できません。

　「retpoline」は2018年初頭に見つかった「**CPU脆弱性**のメルト・ダウンとスペクター」に関する項目で、「スペクター・バリアント2」(spectre_v2)の「緩和対策」のことです。

実行結果

```
# make
make -C /lib/modules/4.16.3-301.fc28.x86_64/build M=/home/
yutaka/src/driver modules
make[1]: ディレクトリ '/usr/src/kernels/4.16.3-301.fc28.
x86_64' に入ります
  CC [M]  /home/yutaka/src/driver/sample.o
  Building modules, stage 2.
  MODPOST 1 modules
  CC      /home/yutaka/src/driver/sample.mod.o
  LD [M]  /home/yutaka/src/driver/sample.ko
make[1]: ディレクトリ '/usr/src/kernels/4.16.3-301.fc28.
x86_64' から出ます
```

第3章 printfの仕組み

```
# ls -l sample.ko
-rw-rw-r--. 1 yutaka yutaka 206856  7月  3 19:45 sample.ko

# modinfo sample.ko
filename:        /home/yutaka/src/driver/sample.ko
author:          Yutaka Hirata
description:     This is a sample driver.
license:         GPL
depends:
retpoline:       Y
name:            sample
vermagic:        4.16.3-301.fc28.x86_64 SMP mod_unload
```

*

「ドライバ」の「ロード」は「insmodコマンド」を使い、「アン・ロード」は「rmmodコマンド」を使います。

*

「insmod」と「rmmodコマンド」の「実行」には、「root権限」が必要です。

実行結果

```
# sudo insmod ./sample.ko
# lsmod
Module                    Size  Used by
sample                   16384  0

# journalctl -f
 7月 03 18:52:09 localhost.localdomain kernel: driver loaded

# sudo rmmod sample
# journalctl -f
 7月 03 18:53:20 localhost.localdomain kernel: driver unloaded

# dmesg
[15284.973665] driver loaded
[15355.845548] driver unloaded
```

*

もう1つ、「サンプル・ドライバ」を見てみます。

106

[3-3] カーネル空間での printf

　以下は「ドライバ」が「ロード」されたときに、「printk関数を1000回呼び出す」ように修正したものですが、「printk_ratelimited関数」を代わりに使うことで、「ログ・ラッシュ」を防ぐことができます。

[driver2/sample.c]

```
#include <linux/module.h>
#include <linux/kernel.h>
#include <linux/ratelimit.h>

MODULE_LICENSE( "GPL" );
MODULE_DESCRIPTION( "This is a sample driver." );
MODULE_AUTHOR( "Yutaka Hirata" );

static int __init sample_init(void)
{
    int i;

    for (i = 0 ; i < 1000 ; i++) {
        printk_ratelimited(KERN_ALERT "driver loaded¥n" );
    }

    return 0;
}

static void __exit sample_exit(void)
{
    printk(KERN_ALERT "driver unloaded¥n" );
}

module_init(sample_init);
module_exit(sample_exit);
```

実行結果

```
# journalctl -f
 7月 03 20:51:05 localhost.localdomain kernel: driver loaded
 7月 03 20:51:05 localhost.localdomain kernel: driver loaded
 7月 03 20:51:05 localhost.localdomain kernel: driver loaded
 7月 03 20:51:05 localhost.localdomain kernel: driver loaded
 7月 03 20:51:05 localhost.localdomain kernel: driver loaded
```

第3章 printfの仕組み

```
  7月 03 20:51:05 localhost.localdomain kernel: driver loaded
  7月 03 20:51:05 localhost.localdomain kernel: driver loaded
  7月 03 20:51:05 localhost.localdomain kernel: driver loaded
  7月 03 20:51:05 localhost.localdomain kernel: driver loaded
  7月 03 20:51:05 localhost.localdomain kernel: driver loaded

# dmesg
[22420.974168] driver loaded
[22420.974170] driver loaded
[22420.974171] driver loaded
[22420.974171] driver loaded
[22420.974172] driver loaded
[22420.974172] driver loaded
[22420.974173] driver loaded
[22420.974173] driver loaded
[22420.974174] driver loaded
[22420.974175] driver loaded
```

*

「printk_ratelimited関数」は「ログ・バッファ」への「出力」を「抑止」してくれるので便利です。

*

なお、以前は「printk_ratelimit関数」がありましたが、現在では「使用禁止」となっています。

*

「実行結果」を見ると、「関数の1000回「呼び出し」」に対して、「ログ・バッファ」と「ジャーナル・ログ」には「10個のメッセージ」だけが「出力」されていることが分かります。

このように頻繁に「printk」が呼び出される可能性がある場合は、「printk_ratelimited関数」を使うのがお勧めです。

第 4 章

ファイル・システム
の仕組み

本章では、プログラムからファイルシステムにアク
セスするやり方と性能問題について説明していきます。

第4章　ファイル・システムの仕組み

4-1　　　　　　　　　　　　　4章の概要

　4章では、「アプリケーション・プログラム」から「ファイル・システム」に「アクセス」する方法について説明します。

　また、「ファイル・システム」ごとに注意事項があるので、それについても説明します。

■「ファイル・システム」とは

　「**ファイル・システム**」とは「ファイル」や「ディレクトリ」が「格納」されている「領域」のことです。

　一般的には、「ファイル」が「格納」される先は、「**SSD**」や「HDD」といった「不揮発領域」ですが、他にもさまざまな種類があります。

*

以下に代表的なものをまとめます。

　「不揮発性」というのは「電源を切っても、データが消えないこと」を指します。

デバイス	不揮発性	ファイル・システム
SSD/HDD	あり	ext4, xfs
フラッシュメモリ	あり	jffs2, ubifs, vfat
フラッシュメモリ	あり	cramfs
メインメモリ	なし	tmpfs

　「SSD」や「HDD」は主に、「PC」や「**PCサーバ**」で使われます。

　「ファイル・システム」も時代とともに変化していますが、昨今では「**ext4**」や「**xfs**」が主流です。

　「EFI領域」では「**VFAT**」が使われます。

*

どんな「ファイル・システム」が使われているかは、「/etc/fstab」を見ると分

かります。

「Linuxディストリビューション」を「インストール」するときに、どの「ファイル・システム」にするかを選ぶことができます。

[/etc/fstab]

```
/dev/mapper/fedora_localhost--live-root /                       ext4
defaults         1 1
UUID=ef914b54-bfa8-44d9-83cb-97c27071dd50                      /boot
ext4     defaults            1 2
UUID=F19F-3589              /boot/efi               vfat
umask=0077,shortname=winnt 0 2
/dev/mapper/fedora_localhost--live-swap swap                    swap
defaults          0 0
```

「フラッシュ・メモリ」(Flash Memory)は、「フラッシュ・ロム」(Flash ROM)とも言いますが、「組み込み機器」で使われる「ストレージ・デバイス」のことです。

身近なところでは、「**USBメモリ**」や「**SDカード**」があります。

「フラッシュ・メモリ」は「不揮発領域」であり、「チップ」が小さいので「組み込み機器」に搭載しやすく、「小容量」から「大容量」まで製品が揃っていて、人気がある「デバイス」です。

「組み込みLinux」だと、「フラッシュ・メモリ」の「ドライバ」を用意すれば、その上に「ファイル・システム」を載せることも可能です。

「フラッシュ・メモリ」上の「ファイル・システム」もさまざまで、「ファイル」の「読み書き」が可能な「JFFS2」や「UBIFS」などがあり、「ファイル」の「読み込み」だけの「CRAMFS」という種類もあります。

特に「組み込みLinux」は、全体が「フラッシュ・メモリ」で動作するため、「カーネル」などの「モジュール」ごとに合わせた「ファイル・システム」が選択されます。

| 第4章 | ファイル・システムの仕組み |

「SDRAM」などの「メイン・メモリ」上に「ファイル・システム」(tmpfs)を載せることもできます。

「メモリ」なので「Linux」(OS)を「リブート」すると「データ」は消失しますが、「アクセス速度が速い」というメリットがあります。

「/tmp」などの一時的に使う「ファイル」を置くのに適しています。

「dfコマンド」で見ると、「tmpfs」がどの「ディレクトリ」に対して使われているのか分かります。

実行結果

```
# df -h
```

ファイル・システム	サイズ	使用	残り	使用%	マウント位置
devtmpfs	2.4G	0	2.4G	0%	/dev
tmpfs	2.4G	0	2.4G	0%	/dev/shm
tmpfs	2.4G	1.1M	2.4G	1%	/run
tmpfs	2.4G	0	2.4G	0%	/sys/fs/cgroup
/dev/mapper/ fedora_local host—live-root	54G	8.6G	43G	17%	/
tmpfs	2.4G	16K	2.4G	1%	/tmp
/dev/sda2	976M	123M	786M	14%	/boot
/dev/sda1	200M	18M	183M	9%	/boot/efi
tmpfs	491M	20K	491M	1%	/run/user/42
tmpfs	491M	4.0K	491M	1%	/run/user/1000

なお、「ファイル・システム」は、「ユーザー空間」で動く「プログラム」からは利用できますが、「カーネル空間」からは利用不可です。

「Linuxカーネル」や「デバイス・ドライバ」からは直接「ファイル」に「データ」を書き出すことはできないので、一度「ユーザー空間」に「データ」を引き上げる必要があります。

「printk関数」が、まさにその動作となっています。

112

■ファイル操作関数

「C言語」の「プログラム」から「ファイル・システム」に簡易に「アクセス」できるようにするため、「標準ライブラリ」に「関数」が用意されています。

「ANSI C」の規格で決められているので、汎用的に「プログラム」を作ることができます。

また、「ファイル・システム」の違いを意識する必要もありません。

「ファイル」を「ファイル・システム」の違いを意識することなく、透過的に扱うために「FILE構造体」が用意されており、「stdio.h」で定義されています。

「FILE構造体」を使うことで、「ファイル」に対してさまざまな操作ができます。

*

以下に、代表的な関数を示します。

関　数	説　明
remove	ファイルを削除する
rename	ファイル名を変更する
fclose	ファイルを閉じる
fflush	出力ファイルのバッファを掃き出す
fopen	ファイルを開く
fprintf	ファイルに書式付きデータを書き込む
fscanf	ファイルから書式付きデータを読み込む
fgetc	ファイルから一文字(1バイト)読み込む
fgets	ファイルから一行(改行まで)読み込む
fputc	ファイルに一文字(1バイト)書き込む
fputs	ファイルに文字列を書き込む
fread	ファイルからデータ(1バイト以上)を読み込む
fwrite	ファイルにデータ(1バイト以上)を書き込む
fseek	ファイルの位置をlong intで設定する
feof	ファイルの終端かどうかを判別する

| 第4章 | ファイル・システムの仕組み |

■「ファイル操作」の「プログラム」

ここで「サンプル・コード」を見てみましょう。

「ファイル」(sample.conf)の「数字を1つ増やしていく」という内容になっています。

「実行プログラム」の「カレント・ディレクトリ」に「ファイル」を作るので、「カレント・ディレクトリ」が、「不揮発領域」であれば、「OS」(Linux)を「**リブート**」しても「ファイル」が残りますし、「/tmp」のような「**揮発領域**」であれば消失します。

[file_ex1.c]

```c
#include <stdio.h>

#define FILENAME "sample.conf"

void read_data(int *val)
{
    FILE *fp;
    int n = 0, ret;

    fp = fopen(FILENAME, "r");
    if (fp != NULL) {
        ret = fscanf(fp, "%d", &n);
        if (ret == 1) { // 読み込み成功
            printf("read data %d\n", n);
        }
        fclose(fp);
    }
    *val = n;
}

void write_data(int val)
{
    FILE *fp;
    int ret;

    fp = fopen(FILENAME, "w");
```

114

[4-1]　4章の概要

```c
    if (fp != NULL) {
        fprintf(fp, "%d", val);
        printf("write data %d\n", val);
        fclose(fp);
    }
}

int main(void)
{
    int num;

    read_data(&num);
    num++;
    write_data(num);

    return 0;
}
```

実行結果

```
# ./a.out
write data 1
# hexdump -C sample.conf
00000000  31                                                |1|
00000001
# ./a.out
read data 1
write data 2
# hexdump -C sample.conf
00000000  32                                                |2|
00000001
```

　この「プログラム」は動作上は問題ないですが、「組み込み向け」という用途
だと問題点があります。

　なぜならば、「**ファーム・ウェア**」はいつ何時「再起動」がかかるか分からな
いからです。

　「パソコン」や「サーバ」などの装置は「**瞬停**」以外では、「OS シャットダウン」

115

第4章 ファイル・システムの仕組み

してから「電源」を落とします。

　しかし、「組み込み機器」では、**突然「電源」を落とす**ことがありますし、「**WDT**」(Watchdog timer)で「ファーム・ウェア」が突然「リセット」がかかる場合もあります。

　そうした場合、「ファイル」(sample.conf)が壊れることがあるのです。

それが問題点です。

*

「サンプル・コード」では、

> [1] ファイルを読む
> [2] 数字を更新する
> [3] ファイルに書く

という「3つ」の「操作」があり、いわゆる「**read-modify-write**」を行なっています。

　この一連の「操作」は最後まで走らせる必要があり、途中で「中断」してはいけません。

　このことを、「read-modify-writeは「アトミック」である」必要があると言います。

　ちょうど [3] の「ファイルに書いている」最中に、「プログラム」の「処理」が「中断」されると、「ファイル」が壊れます。

　「fopen関数」を"w"モード」で使うと、「ファイル・サイズ」がいったん「ゼロ」になります。

　「fclose関数」で「ファイル」を閉じたときに、「ファイル」の内容が「確定」するため、「ファイル」を閉じる前に「中断」すると、たいていの場合、「空のファイル」として残されることになります。

116

※なお、「ファイル・システム内部」での「処理」が「中断」された場合、「ファイル」が壊れることがあります。
「ファイル・システム」が「**ジャーナル機能**」を有している場合には、「ファイル」を壊さないように「処理」されます。

■「ファイル操作」の「プログラム」の改善

「実行中プログラム」が「中断」された場合においても、「read-modify-write」で操作中の「ファイル」を壊さないようにするために、どうすればいいかを考えてみます。

「ファイルが壊れる」という言い方が曖昧なので、現象をもう少し具体的に細分化します。

「ユーザー空間」と「カーネル空間」の、どちら側で「処理」が「中断」されたかに着目したものが、以下になります。

空　間	中断後の状態
ユーザー	プログラムの処理が中断されて、ファイル操作が途中で終わった状態になる。 ファイル自体は故障していないが、ファイルの内容が期待したものではない。
カーネル	ファイルシステムの処理が中断されて、ファイル自体が壊れる。 ファイルシステムの「ジャーナル機能」が有効に働けば、ファイルを正常な状態に復帰することも可能だが、100%確実ではない。

*

こうした「ファイルが壊れる」ケースに対してどう対処していくかですが、つまるところ、「システム」の「製品要件」で決まります。

> (a) 何も対処しない
> (b) 頻度が高いケースだけ救済する
> (c) すべてのケースを救済する

上記にいくつか対処案を示しましたが、より完璧な方法を選ぶほど工数がかかってきます。
そのため、いくら技術的に対応可能だとしても、お金のことも鑑みる必要もあります。

第4章　ファイル・システムの仕組み

(a)のケースは極端に見えるかもしれませんが、この選択も実は正解のひとつです。

そもそも「ファームウェア」が、突然「リセット」されるケースがほとんどありません。

仮に「リセット」された場合に「ファイル」が壊れて、「ファームウェア」が健全に「動作」できなくなったら、「装置ごと故障交換する」という方法が許されるのであれば、このケースもありです。

(b)と(c)のケースも「経営判断」に近く、どこまでお金をかけて取り込む必要があるか、ということになります。

(b)のケースは具体的に言うと、「ユーザー空間」での「中断」を救済し、「カーネル空間」に関しては「ファイル・システム」の「ジャーナル機能」を「有効」にすることで、「限りなくファイル故障を回避するが、救えない場合もある」といったところです。

ここでこのケースに関しては「アプリケーション・プログラム」の「実装」を変更する必要があります。変更手段としては、

> [1] 別ファイル名で更新する
> [2] 別ファイル名から「マスター・ファイル」に「リネーム」する

つまり、「read-modify-write」は、[1]で済ませることで、仮に[1]の「処理」が「中断」されても、「マスター・ファイル」が壊れることはありません。

[2]の「処理」で「中断」が起きた場合は、タイミングにより「ファイル」が壊れることはあるかもしれません。

＊

(b) のケースに対応させた「プログラム」が、以下になります。

[file_ex2.c]

```c
#include <stdio.h>

#define FILENAME "sample.conf"  // マスターファイル
#define FILENAME_BAK "sample.conf~"  // 別ファイル

void read_data(int *val)
{
    FILE *fp;
    int n = 0, ret;

    fp = fopen(FILENAME, "r");
    if (fp != NULL) {
        ret = fscanf(fp, "%d", &n);
        if (ret == 1) { // 読み込み成功
            printf("read data %d¥n", n);
        }
        fclose(fp);
    }
    *val = n;
}

void write_data(int val)
{
    FILE *fp;
    int ret;

    // 別ファイル名に書き込む
    fp = fopen(FILENAME_BAK, "w");
    if (fp != NULL) {
        fprintf(fp, "%d", val);
        printf("write data %d¥n", val);
        fclose(fp);
    }
}

int main(void)
{
    int num;
```

第4章 ファイル・システムの仕組み

```
    int ret;

    // マスターファイルから現在の値を読み出す
    read_data(&num);
    num++;
    // 別ファイルに書き込む
    write_data(num);

    // マスターファイルへリネームする
    ret = rename(FILENAME_BAK, FILENAME);
    if (ret == 0) {
        printf("%s -> %s renamed.¥n", FILENAME_BAK, FILENAME);
    } else {
        perror("rename failed.");
    }

    return 0;
}
```

実行結果

```
# hexdump -C sample.conf
00000000  34                                               |4|
00000001
# ./a.out
read data 4
write data 5
sample.conf~ -> sample.conf renamed.
# hexdump -C sample.conf
00000000  35                                               |5|
00000001
```

(c)のケースは、「100%救済する」というものです。

物理的な故障でなければ、「プログラムの設計」次第で救済可能です。

やり方としては、「**チェックサム**付き」の「ファイル」を2つ用意して、二重に
管理する」という方法です。

[4-1] 4章の概要

■「リネーム」の落とし穴

「rename関数」を使うことで「ファイル」の「リネーム」ができますが、「ファイル・システム」を跨いだ「リネーム」はできないことを知っておく必要があります。

厳密には、「同じ「ファイル・システム」でも「マウント・ポイント」が異なる場合」でもダメです。

*

「ANSI C」の規格としてはそのような制限はないのですが、「manページ」には、記載があります。

以下は「RENAME(3P)」の「manページ」からの抜粋です。

[man 3 rename]

ERRORS
    The rename() and renameat() functions shall fail if:
EXDEV   The links named by new and old are on different file
systems and the implementation does not support links between file
systems.

        ↓(拙訳)
「エラー」
    「rename関数」と「renameat関数」が以下の理由で失敗することがある。
「EXDEV」   「new」と「old」の「引数」がそれぞれ違う「ファイル・システム」
である場合、その「ファイル・システム」を跨ぐことは「サポート」していない。

---

*

121

第4章　ファイル・システムの仕組み

以下は、「RENAME(2)」の「manページ」からの抜粋です。

[man 2 rename]

ERRORS
EXDEV oldpath and newpath are not on the same mounted
 filesystem. (Linux permits a
    filesystem to be mounted at multiple points, but rename() does not
work across   different mount points, even if the same filesystem is
mounted on both.)

    ↓(拙訳)

「エラー」
「EXDEV」「oldpath」と「newpath」が同じ「マウント・ポイント」ではない。
　「Linux」ではひとつの「ファイル・システム」上に複数の「マウント・ポイント」を持つことを許容しているが、「rename関数」は異なる「マウント・ポイント」同士では動作しない。仮に、「ファイル・システム」が同じだったとしても。

＊

実際に「サンプル・コード」で動作を確認してみます。

以下は「ハードディスク」上にある「ファイル」(FILENAME_BAK)を、「メモリ」上にある「ファイル」(FILENAME)に「リネーム」するものです。

「Fedora」では「/tmp」は「tmpfs」なので「ハードディスク」上にはありません。

「実行結果」を見ると、「エラー番号18」(EXDEV)で「rename関数」が失敗していることが分かります。

[file_ex3.c]

```
#include <stdio.h>
#include <errno.h>
```

[4-1] 4章の概要

```c
#define FILENAME_BAK "/home/yutaka/src/sample.conf"
#define FILENAME "/tmp/sample.conf"

int main(void)
{
    int ret;

    // マスターファイルへリネームする
    ret = rename(FILENAME_BAK, FILENAME);
    if (ret == 0) {
        printf("%s -> %s renamed.\n", FILENAME_BAK, FILENAME);
    } else {
        printf("errno %d\n", errno);
        perror("rename failed.");
    }

    return 0;
}
```

実行結果

```
# ./a.out
errno 18
rename failed.: Invalid cross-device link
```

「Linuxカーネル」側の「実装」も確認します。

「rename関数」は「renameシステム・コール」として「発行」され、「カーネル」の「処理」に「遷移」します。

＊

「カーネル」の「ソース・ファイル」は下記の場所になります。

[fs/namei.c]

```c
SYSCALL_DEFINE2(rename, const char __user *, oldname, const
 char __user *,        newname)
{
    return sys_renameat2(AT_FDCWD, oldname, AT_FDCWD, newname, 0);
}
```

123

第4章 ファイル・システムの仕組み

さらに「sys_renameat2関数」を呼び出しており、その「関数」の「実体」は同じ「ソース・ファイル」の下記箇所が該当します。

「rename関数」の「2つ」の「引数」において、「マウント・ポイント」が同じでなければ、「関数」が「-EXDEV」を返しています。

[fs/namei.c]

```
SYSCALL_DEFINE5(renameat2, int, olddfd, const char __user
*, oldname,
        int, newdfd, const char __user *, newname, unsigned
int, flags)
{
        :
    error = -EXDEV;
    if (old_path.mnt != new_path.mnt)
        goto exit2;
        :
}
```

「ライブラリ関数」が「エラー」を返した場合、「manページ」を見てもよく分からないときは、「Linuxカーネル」の「実装」を見たほうが早いです。

■「ファイル・システム」に対する「操作機能」

「アプリケーション・プログラム」は、「ファイル・システム」上の「ファイル」に対して、透過的に「操作」を行なうことができますが、実は「ファイル・システム」ごとに「サポート」している「操作機能」が異なります。

「アプリケーション・プログラム」からファイルに対する操作は、

・アプリケーションプログラム→glibc→システムコール→VFS→ファイルシステム

という流れで「処理」が「遷移」していきます。

*

ここでいう「**操作機能**」というのは、「Linuxカーネル内部」で「定義」されている「file_operations構造体」の「メンバー」(関数ポインタ)のことです。

124

[4-1] 4章の概要

「ファイル・システム」ごとに「当該構造体」が用意されていることで、「アプリケーション・プログラム」は「ファイル・システム」に対し「システム・コール」を「発行」し、「ファイル」や「ディレクトリ」に対して「操作」ができます。

「ファイル・システム」に「発行」できる「システム・コール」は、「Linux カーネル」の「バージョン」が変わるたびに、「追加」または「変更」されていっています。

そのため、使っている「バージョン」に合わせて、その都度、「実装」を確認する必要があります。

「file_operations 構造体」は「include/linux/fs.h」で「定義」されています。

＊

以下に「システム・コール」に対応した「メンバー」を示します。

※なお、この「構造体」は、「ディレクトリ」に対しても「定義」することができます。

メンバー	説　明
llseek	lseek システムコールでファイルの位置移動ができる。 ll は long long の意味で、カーネルレベルでは 64bit のオフセットに対応している。 ライブラリ関数では fseek 関数に該当。
read	read システムコールでファイルの読み込みができる。 ライブラリ関数では fread 関数に該当。
write	write システムコールでファイルの書き込みができる。 ライブラリ関数では fwrite 関数に該当。
read_iter	**非同期**でファイルの読み込みを行なうためのもので、ライブラリ関数では aio_read 関数に該当。 read が未定義の場合は read_iter が呼び出される。
write_iter	非同期でファイルの書き込みを行なうためのもので、ライブラリ関数では aio_write 関数に該当。
iterate	**ディレクトリエントリ**を読み込むためのもので、VFS領域から利用される。 対応するライブラリ関数はなし。
iterate_shared	iterate と同様だが、複数同時に読み込みができる点が異なる。
poll	**select および poll** システムコールで使う、非同期 I/O。

125

| 第4章 | ファイル・システムの仕組み |

unlocked_ioctl	**ioctl** システムコールで使う。
compat_ioctl	unlocked_ioctl と同様だが、64bit カーネル上で 32bit アプリケーションプログラムを動作させたときに使う。
mmap	**mmap** システムコールで使う。
open	open システムコールで使う。
flush	close システムコールの処理内部から呼び出され、すべてのデータの書き込みを行なう。
relese	close システムコールで、他に開いているプロセスが存在しない場合に呼び出され、クローズ処理が行なわれる。
fsync	fsync システムコールで使う。 fsync は「ファイル・ディスクリプタ」に紐付いた「キャッシュ・データ」を、すべてディスクに書き出す。
fasync	fcntl システムコールで非同期モードにするときに使う。
lock	fcntl システムコールで「ファイル・ロック」に関する操作のときに使う。
sendpage	splice システムコールの処理内部から呼び出される。 splice はカーネル空間のみで「ファイル・ディスクリプタ」間のデータ移動を行なう。
get_unmapped_area	mmap システムコールで使う。
check_flags	fcntl システムコールで F_SETFL コマンドを使うときに呼び出される。
flock	flock システムコールで使う。
splice_write	splice システムコールの処理内部から呼び出される。
splice_read	splice システムコールの処理内部から呼び出される。
setlease	fcntl システムコールで LEASE ロックを使う時に呼び出される。
fallocate	fallocate システムコールで使う。 fallocate はディスク領域の予約を行なう。
show_fdinfo	**inotify** 情報の表示に使う。
mmap_capabilities	MMU が無効の場合、mmap 関数の flags 引数に指定できる情報を返すのに使う。 一般的な Linux では MMU は有効であるため、当該メンバーは未定義となる。
copy_file_range	copy_file_range システムコールで使う。 copy_file_rage はファイルコピーの際、リードデータをカーネル空間内で処理することで、効率よくコピーを行なう。

clone_file_range	オーバーレイファイルシステム(overlayfs)で内部的に使う。 overlayfsではディレクトリを重ね合わせて、1つのツリー構造を構築できる。
dedupe_file_range	IOCTLシステムコールのFIDEDUPERANGEコマンドで使う。

＊

もう1つ、重要な「構造体」があります。

「ファイル」や「ディレクトリ」より「下位」にあたる「inode」に対する「操作機能」を「定義」するのが「inode_operations 構造体」で、同じく「include/linux/fs.h」で記述されています。

以下に、「システム・コール」に対応した「メンバー」を示します。

＊

「ANSI C」の「標準ライブラリ」には「inode」を直接操作する機能はほとんど用意されておらず、「rename関数」ぐらいです。

メンバー	説　明
lookup	親ディレクトリのinodeを探すために使う。
get_link	シンボリックリンクが指すinodeを取得するため、VFS内部から呼び出される。
permission	アクセス権限のチェックを行なう。
get_acl	**ACL**(拡張属性xattr)の設定読み込みで使う。
readlink	readlinkシステムコールから呼び出される。 「シンボリック・リンク」の実態取得のために使う。
create	openおよび**creat**システムコールから呼び出される。
link	linkシステムコールから呼び出される。 ハードリンクを作成するために使う。
unlink	unlinkシステムコールから呼び出される。 ファイルを削除するために使う。
symlink	symlinkシステムコールから呼び出される。 シンボリックリンクを作るために使う。
mkdir	mkdirシステムコールから呼び出される。 ディレクトリを作成するために使う。
rmdir	rmdirシステムコールから呼び出される。 ディレクトリを削除するために使う。

| 第4章 | ファイル・システムの仕組み |

mknod	mknod システムコールから呼び出される。 **「デバイス・ファイル」**を作るために使う。
rename	rename システムコールから呼び出される。 ファイル名を変更するために使う。
setattr	chmod システムコールから呼び出される。 パーミッションを設定するために使う。
getattr	stat システムコールから呼び出される。 ファイル情報を取得するために使う。
listxattr	listxattr システムコールから呼び出される。 拡張属性の名前リストを取得するために使う。
fiemap	「fiemap ioctl」から呼び出される。 ファイル拡張マッピング情報を取得するのに使う。
update_time	時刻やバージョンを更新するために呼び出される。
atomic_open	最後にオープンしていたプロセスから呼び出される。
tmpfile	open システムコールで O_TMPFILE フラグを指定した場合に呼び出される。
set_acl	ACL(拡張属性 xattr) の設定で使う。

■「ファイル・システム」ごとの「操作機能」の違い

ここで代表的な「ファイル・システム」ごとに、「file_operations 構造体」および「inode_operations 構造体」の「定義」から「サポート」している「操作機能」についてまとめてみます。

*

「構造体」の「定義」の「見方」について説明します。

例として、以下は「cramfs」の「file_operations 構造体」です。

*

「**CONFIG_MMU**」は「未定義」であるとして、「4つ」の「メンバー」に対して「関数名」が「設定」されています。

「設定」されていない「メンバー」は、「自動的に「NULL」が「設定」されたもの」と見なされます。

「NULL」の「メンバー」は、「「ファイル・システム」としては、何もしない」という意味で、「VFS」側で「処理」が完結します。

128

つまり、「cramfsファイル・システム」上の「ファイル」に対しては、「llseek」「read_iter」「splice_read」「mmap」という「システム・コール」にしか対応していない、という意味になります。

「cramfs」は「読み込み専用」の「ファイル・システム」なので、「writeを「サポート」していないのは意図的です。

なお、「open」と「relase」に対する「定義」がありません。
しかし、「cramfs」側が「未定義」なだけであり、「VFS」側で完結するため、「cramfs」に対して「open」と「relase」ができないということはありません。

*

このように、「ファイル・システム」ごとに「構造体」が「定義」されているので、それを見ていけば、どの「システム・コール」が「サポート」されているか分かります。

[fs/cramfs/inode.c]

```
static const struct file_operations cramfs_physmem_fops = {
    .llseek           = generic_file_llseek,
    .read_iter        = generic_file_read_iter,
    .splice_read      = generic_file_splice_read,
    .mmap             = cramfs_physmem_mmap,
#ifndef CONFIG_MMU
    .get_unmapped_area = cramfs_physmem_get_unmapped_area,
    .mmap_capabilities = cramfs_physmem_mmap_capabilities,
#endif
};
```

第4章 ファイル・システムの仕組み

「ファイル・システム」ごとの「サポート状況」を下記の表に示します。

*

以下は、「ファイル」に対するものです。

「✓」は、「サポートしている」という意味です。

メンバー	ext4	xfs	cramfs	jffs2	ubifs
llseek	✓	✓	✓	✓	✓
read					
write					
read_iter	✓	✓	✓	✓	✓
write_iter	✓	✓		✓	✓
iterate					
iterate_shared					
poll					
unlocked_ioctl	✓	✓		✓	✓
compat_ioctl	✓ (*1)	✓ (*1)			✓ (*1)
mmap	✓	✓	✓	✓ (*3)	✓
open	✓	✓		✓	✓
flush					
release	✓	✓			
fsync	✓	✓		✓	✓
fasync					
lock					
sendpage					
get_unmapped_area	✓	✓	✓ (*2)		
check_flags					
flock					
splice_write	✓	✓			✓
splice_read	✓	✓	✓	✓	✓
setlease					
fallocate	✓	✓			
show_fdinfo					
mmap_capabilities			✓ (*2)		
copy_file_raige					
clone_file_range		✓			
dedupe_file_range		✓			

130

```
(*1) CONFIG_COMPATが有効の場合
(*2) CONFIG_MMUが無効の場合
(*3) マップ先への読み込みのみで、書き込みは不可。

※実装の場所
 EXT4    ext4_file_operations#fs/ext4/file.c
 XFS     xfs_file_operations#fs/xfs/xfs_file.c
 CRAMFS  cramfs_physmem_fops#fs/cramfs/inode.c
 JFFS2   jffs2_file_operations#fs/jffs2/file.c
 UBIFS   ubifs_file_operations#fs/ubifs/file.c
```

＊

ここで「JFFS2」の「mmapサポート」について補足します。

表で「サポート」となっていますが、「実装」をよく見ると、「読み込みのみの対応」となっています。

つまり、「JFFS2」上の「ファイル」に対して、「mmapシステム・コール」で「マッピング」することはできますが、「書き込みは行えない」ということです。

こうした「落とし穴」があるので、逐一「実装」を「チェック」していく必要があります。

[fs/jffs2/file.c]

```
const struct file_operations jffs2_file_operations =
{
      :
   .mmap =      generic_file_readonly_mmap,
      :
};
```

＊

第4章　ファイル・システムの仕組み

以下は、「ディレクトリ」に対するものです。

メンバー	ext4	xfs	cramfs	jffs2	ubifs
llseek	✓	✓	✓	✓	✓
read	✓	✓	✓	✓	✓
write					
read_iter					
write_iter					
iterate					
iterate_shared	✓	✓	✓	✓	✓
poll					
unlocked_ioctl	✓	✓		✓	✓
compat_ioctl	✓ (*1)	✓ (*1)			✓ (*1)
mmap					
open	✓	✓			✓
flush					
release	✓				✓
fsync	✓	✓		✓	✓
fasync					
lock					
sendpage					
get_unmapped_area					
check_flags					
flock					
splice_write					
splice_read					
setlease					
fallocate					
show_fdinfo					
mmap_capabilities					
copy_file_raige					
clone_file_range					
dedupe_file_range					

> (*1) CONFIG_COMPAT が有効の場合
>
> ※実装の場所
> 　EXT4　ext4_dir_operations#fs/ext4/dir.c
> 　XFS　 xfs_dir_file_operations#fs/xfs/xfs_file.c
> 　CRAMFS cramfs_directory_operations#fs/cramfs/inode.c
> 　JFFS2　jffs2_dir_operations#fs/jffs2/dir.c
> 　UBIFS　ubifs_dir_operations#fs/ubifs/dir.c

[4-1]　4章の概要

*

　以下は、「inode_operations構造体」の「定義」から、各「ファイル・システム」が「ファイル」の「inode」に対する「操作機能」の「サポート可否」を示した表です。

*

　「inode」の「定義」は「ファイル」以外にも、「ディレクトリ」や「シンボリック・リンク」などに対しても、それぞれ存在します。

メンバー	ext4	xfs	cramfs	jffs2	ubifs
lookup					
get_link					
permission					
get_acl	✓	✓		✓	
readlink					
create					
link					
unlink					
symlink					
mkdir					
rmdir					
mknod					
rename					
setattr	✓	✓		✓	✓
getattr	✓	✓			✓
listxattr	✓	✓		✓	✓
fiemap	✓	✓			
update_time		✓			✓ (*1)
atomic_open					
tmpfile					
set_acl	✓	✓		✓	

(*1) CONFIG_UBIFS_ATIME_SUPPORTが有効の場合

※実装の場所
　EXT4　ext4_file_inode_operations#fs/ext4/file.c
　XFS　xfs_inode_operations#fs/xfs/xfs_iops.c
　CRAMFS　該当なし
　JFFS2　jffs2_file_inode_operations#fs/jffs2/file.c
　UBIFS　ubifs_file_inode_operations#fs/ubifs/file.c

第 **5** 章

排他制御

5章では、プログラマーであれば誰も通る「排他制御」。
「基本」から学び直すことで、「プログラム」の「品
質向上」につなげていきます。

第5章　排他制御

5-1　5章の概要

　5章では、「プログラム開発」をする上で必須の知識である「排他制御」について、「基本」から学び直していきます。

■「排他制御」とは

　「**排他制御**」(はいたせいぎょ)は、英語表記では「Mutual exclusion」で、略して「Mutex」(ミューテックス)と表現されます。

　「排他制御」という難しい言葉ではありますが、教科書通りの説明をするならば、

> ・複数の「コンテキスト」から「クリティカル・セクション」を「保護」する
> 　ための「仕組み」

になります。

　「コンテキスト」や「クリティカル・セクション」という片仮名用語が出てきましたが、これから順に追って説明していきます。
　「基本」を1つ1つ押さえていくことが大切です。

■「排他制御」の必要性

　「**シングル・タスク**」で動作する「プログラム」の場合は、「排他制御」という考え方が不要な場合があります。

　たとえば、「1つの「CPU」の性能をフルに使って「数値計算」する」といった「プログラム」の場合がそれに該当します。

　しかし、以下の「条件」が当てはまる場合は、「排他制御」の考え方が必要です。
　「ユーザー空間」で動作する「プログラム」(アプリケーション)に関する条件は、下記の通りです。

　これらの「条件」には、「CPU」の「個数」は関係しません。

[5-1]　5章の概要

　「システムに「CPU」が1つしかないから、「条件」が当てはまることはない」というわけではないです。

　　・「割り込み処理」が存在する
　　・「マルチ・プロセス」を使っている
　　・「マルチ・スレッド」を使っている

＊

　「カーネル空間」で動作する「プログラム」(「デバイス・ドライバ」や「カーネル本体」)に関する「条件」は、下記の通りです。

　　・「割り込み処理」が存在する
　　・「ユーザー・コンテキスト」が複数CPUで動作する
　　・「カーネル・プリエンプション」が有効である
　　・「カーネル・スレッド」を使っている

　「ユーザー空間」と「カーネル空間」では「プログラム」の動きがまったく異なるため、「条件」も異なっていますが、一言でまとめると、

　　・「プログラム」の「処理」の「流れ」が突然「中断」されることがある

　ということで、そうである場合、「排他制御」を意識する必要が出てくるというわけです。

5-2 割り込み処理

■概要

「割り込み処理」について具体的に見ていきます。

「ユーザー空間」と「カーネル空間」における「割り込み」は、実際には「処理」がまったく異なるのですが、考え方は同じです。

＊

下図にフローを示します。

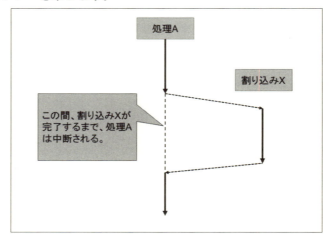

[割り込み処理の流れ]

前提は、「1つの「プログラム」の中の動作であり、「処理A」を実行中に、突然「割り込みX」という「処理」に割り込まれ、再び「処理A」に「復帰」する」というものです。

「割り込み」(interrupt)という名前の通り、「行列」で待っている間に、「第三者」が「列」を乱して入ってくることと、同じ意味合いです。

このように「処理A」の「流れ」のことを、「コンテキスト」(context)といい、「「割り込みX」により「コンテキスト」が乱されている」と表現します。

[5-2] 割り込み処理

「コンテキスト」とは1つの「処理」が始まり、終わるまでの「流れ」を示します。

この「割り込み」というのは、いったい何者なのかということですが、「ユーザー空間」の「プログラム」で言えば、「**シグナル**」(signal)になります。

「シグナル」は「Linux」では伝統的な「機能」ですが、逆に言えば「シグナル」を使っていない場合は、「割り込み処理」に「遷移」することはありません。

「カーネル空間」の「プログラム」で言えば、「**ハードウェア割り込み**」や「**ソフトウェア割り込み**」が該当します。

「カーネル・プログラミング」では「割り込み処理」は必ず発生するため、常にそのことを意識した「設計」をする必要があります。

「割り込み」によって、仕掛かり中の「処理」が「中断」されても、本来の「処理」が正常に動作することを「リエントラント」(reentrant:再入可能)であると言います。

■「シグナル」を使った「プログラム」

ここで、「アプリケーション・プログラム」で「シグナル」を使った「サンプル・コード」を見てみます。

前述の図で言うと、「処理A」が「main関数」で、「割り込みX」が「sample_signal_handler関数」になります。

「1秒ごと」に「グローバル変数」(g_count)を「カウント・アップ」し、「printf関数」で「出力」します。

「シグナル」(**SIGUSR1**)に対応する「**シグナル・ハンドラ**」を登録しているので、「当該シグナル」が発生すると、「sample_signal_handler関数」が呼び出されます。

139

第5章 排他制御

[ex1_signal.c]

```c
/*
 * シグナルのサンプルコード
 */
#include <stdio.h>
#include <string.h>
#include <signal.h>
#include <unistd.h>

volatile int g_count = 0;

void sample_signal_handler(int num)
{
    write(1, "IEEE¥n", 5);
    g_count = -1;
}

int main(void)
{
    int i, ret;
    struct sigaction sig;

    // シグナルハンドラの登録
    memset(&sig, 0, sizeof(sig));
    sig.sa_handler = sample_signal_handler;
    sig.sa_flags = 0;
    ret = sigaction(SIGUSR1, &sig, NULL);
    if (ret) {
        perror("sigaction error");
    }

    // 1秒ごとにカウントアップする
    for (i = 0 ; i < 60 ; i++) {
        g_count++;
        printf("%d¥n", g_count);
        sleep(1);
    }

    return 0;
}
```

＊

実際に、「プログラム」を動かしてみます。

[5-2] 割り込み処理

「プログラム」に対して「シグナル」を発生させるには、別の「端末」から**kill コマンド**を使います。

実行結果

```
# ./a.out
1
2
3
4
5
6
IEEE
0
1
        :
51
52
53
```

実行結果

```
# ps -ef | grep a.out
yutaka      1819    1574    0 17:31 pts/1      00:00:00 ./a.out
yutaka      1821    1508    0 17:31 pts/0      00:00:00 grep
--color=auto a.out
# kill -USR1 1819
```

「シグナル・ハンドラ」の中で「グローバル変数」を「リセット」しているため、「for ループ」が終わっても、「変数」の「値」は、「60」に届いていません。

これは、「main 関数」での「処理」と、「シグナル・ハンドラ」での「処理」で、「グローバル変数」を「共有」していることが原因です。

それによって、本来の「main 関数」での「コンテキスト」が乱れているのです。

「期待動作」は「1」から「60」まで表示されることなので、「リエントラント」ではない、と言えます。

141

第5章　排他制御

　そして、「main関数」の「forループ」は割り込まれては困るため、この「ループ」の部分を、「クリティカル・セクション」(Critical section)と言います。

　「クリティカル・セクション」は余所から割り込まれては困る、「割り込み禁止区間」であると考えればいいです。

■「シグナル抑止」を使った「プログラム」

　「クリティカル・セクション」において、「シグナル」による「割り込み」を受け付けないようにするためには、「シグナル」そのものを使わないようにするという選択もあるのですが、意図的にシグナルを抑止することができます。

　「sigprocmask関数」を使うことで、任意のタイミングで「シグナル」を「抑止」したり「抑止解除」したりできます。

　「シグナル」を「抑止中」に、「シグナル」が「発生」した場合、その「シグナル」は「保留」されます。

　「シグナル」が何度「発生」しても、「1回」としてカウントされます。

　そして、「シグナル」の「抑止」を解除した瞬間に、「保留」していた「シグナル」に対して、「シグナル・ハンドラ」が呼び出されます。
　シグナルが消えてなくなるわけではありません。

　以下に、「シグナル」を「抑止」する「処理」を追加した「サンプル・コード」を示します。

　「60秒」かかる「forループ」で、前半の「20秒間」を「シグナル抑止」しています。

　「実行結果」では、「シグナル抑止中」に、別の「端末」から「シグナル」を数回「発生」させて、「20秒経過後」に「シグナル・ハンドラ」が呼び出されています。

[5-2] 割り込み処理

[ex2_signal.c]

```c
/*
 * シグナルのサンプルコード
 */
#include <stdio.h>
#include <string.h>
#include <signal.h>
#include <unistd.h>

#define MY_SIGNAL SIGUSR1

volatile int g_count = 0;

void sample_signal_handler(int num)
{
    write(1, "IEEE¥n", 5);
    g_count = -1;
}

int main(void)
{
    int i, ret, unmasked;
    struct sigaction sig;
    sigset_t setmask, oldsetmask;

    // シグナルマスクの初期化
    sigemptyset(&setmask);
    sigaddset(&setmask, MY_SIGNAL);

    // シグナルハンドラの登録
    memset(&sig, 0, sizeof(sig));
    sig.sa_handler = sample_signal_handler;
    sig.sa_flags = 0;
    ret = sigaction(MY_SIGNAL, &sig, NULL);
    if (ret) {
        perror("sigaction error");
    }

    // マスク
    ret = sigprocmask(SIG_SETMASK, &setmask, &oldsetmask);
    if (ret) {
        perror("sigprocmask error");
```

143

第5章　排他制御

```c
    }

    // 1秒ごとにカウントアップする
    unmasked = 0;
    for (i = 0 ; i < 60 ; i++) {
        g_count++;
        printf("%d¥n", g_count);
        sleep(1);

        if (i >= 20 && unmasked == 0) {
            // マスク解除
            sigprocmask(SIG_SETMASK, &oldsetmask, NULL);
            unmasked = 1;
        }
    }

    return 0;
}
```

実行結果

```
# ./a.out
1
2
        :
        :
21
IEEE
0
        :
        :
37
38
```

実行結果

```
# ps -ef | grep a.out
yutaka     2060     1574    0 20:01 pts/1    00:00:00 ./a.out
yutaka     2062     1508    0 20:01 pts/0    00:00:00 grep
--color=auto a.out
```

[5-2] 割り込み処理

```
# kill -USR1 2060
# kill -USR1 2060
# kill -USR1 2060
# kill -USR1 2060
```

■ シグナル・セーフ

「シグナル・ハンドラ」では、使える「標準ライブラリ」に「制限」があります。

たとえば、「printf関数」は使えないので、前述の「サンプル・コード」では、代替として「write関数」を使っています。

実際には、「printf関数」を使っても、それなりに動いてしまいます。
ですが、タイミングによっては「printf関数内部」で「**デッド・ロック**」することで、「プログラム」が固まってしまうことがあります。
　　　　　　　　　　　　　　　＊
「シグナル・ハンドラ」で使える「標準ライブラリ」を、以下に示します。
「man signal-safety」でも確認できます。

「関数名」の後ろの「括弧」にある「数字」は、「関数」の「説明」が記述してある「manページ」の「**セクション番号**」のことです。

「数字」が「2」であれば「システム・コール」そのもので、「3」(2以外)であれば、「システム・コール」を使った「ライブラリ関数」のことを表わします。

これらの「関数」は、「**シグナル・セーフ**」である、と言います。

もし、「シグナル・ハンドラ」で「シグナル・セーフ」ではない「関数」を呼び出していたら、それは「バグ」として扱うのが正しいです。

```
abort(3)            cfgetispeed(3)        dup(2)
accept(2)           cfgetospeed(3)        dup2(2)
access(2)           cfsetispeed(3)        execl(3)
aio_error(3)        cfsetospeed(3)        execle(3)
```

145

第5章　排他制御

aio_return(3)	chdir(2)	execv(3)
aio_suspend(3)	chmod(2)	execve(2)
alarm(2)	chown(2)	_exit(2)
bind(2)	clock_gettime(2)	_Exit(2)
	close(2)	
	connect(2)	
	creat(2)	
faccessat(2)	ffs(3)	getegid(2)
fchdir(2)	fork(2)	geteuid(2)
fchmod(2)	fstat(2)	getgid(2)
fchmodat(2)	fstatat(2)	getgroups(2)
fchown(2)	fsync(2)	getpeername(2)
fchownat(2)	ftruncate(2)	getpgrp(2)
fcntl(2)	futimens(3)	getpid(2)
fdatasync(2)		getppid(2)
fexecve(3)		getsockname(2)
		getsockopt(2)
		getuid(2)
htonl(3)	memccpy(3)	ntohl(3)
htons(3)	memchr(3)	ntohs(3)
kill(2)	memcmp(3)	open(2)
link(2)	memcpy(3)	openat(2)
linkat(2)	memmove(3)	pause(2)
listen(2)	memset(3)	pipe(2)
longjmp(3)	mkdir(2)	poll(2)
lseek(2)	mkdirat(2)	posix_trace_event(3)
lstat(2)	mkfifo(3)	pselect(2)
	mkfifoat(3)	pthread_kill(3)
	mknod(2)	pthread_self(3)
	mknodat(2)	pthread_sigmask(3)
raise(3)	select(2)	shutdown(2)
read(2)	sem_post(3)	sigaction(2)
readlink(2)	send(2)	sigaddset(3)
readlinkat(2)	sendmsg(2)	sigdelset(3)
recv(2)	sendto(2)	sigemptyset(3)
recvfrom(2)	setgid(2)	sigfillset(3)
recvmsg(2)	setpgid(2)	sigismember(3)
rename(2)	setsid(2)	siglongjmp(3)
renameat(2)	setsockopt(2)	signal(2)

[5-2] 割り込み処理

```
rmdir(2)              setuid(2)

sigpause(3)           stat(2)              strncmp(3)
sigpending(2)         stpcpy(3)            strncpy(3)
sigprocmask(2)        stpncpy(3)           strnlen(3)
sigqueue(2)           strcat(3)            strpbrk(3)
sigset(3)             strchr(3)            strrchr(3)
sigsuspend(2)         strcmp(3)            strspn(3)
sleep(3)              strcpy(3)            strstr(3)
sockatmark(3)         strcspn(3)           strtok_r(3)
socket(2)             strlen(3)            symlink(2)
socketpair(2)         strncat(3)           symlinkat(2)

tcdrain(3)            timer_gettime(2)     wait(2)
tcflow(3)             timer_settime(2)     waitpid(2)
tcflush(3)            times(2)             wcpcpy(3)
tcgetattr(3)          umask(2)             wcpncpy(3)
tcgetpgrp(3)          uname(2)             wcscat(3)
tcsendbreak(3)        unlink(2)            wcschr(3)
tcsetattr(3)          unlinkat(2)          wcscmp(3)
tcsetpgrp(3)          utime(2)             wcscpy(3)
time(2)               utimensat(2)         wcscspn(3)
timer_getoverrun(2)   utimes(2)            wcslen(3)

wcsncat(3)            wmemcmp(3)
wcsncmp(3)            wmemcpy(3)
wcsncpy(3)            wmemmove(3)
wcsnlen(3)            wmemset(3)
wcspbrk(3)            write(2)
wcsrchr(3)
wcsspn(3)
wcsstr(3)
wcstok(3)
wmemchr(3)
```

第5章 排他制御

■「シグナル発生」時の「システム・コール再実行」

「シグナル」は「非同期の割り込み」であるため、どんなタイミングでも割り込むことができます。

下図で①～③のどこで起こるかは、タイミング次第です。

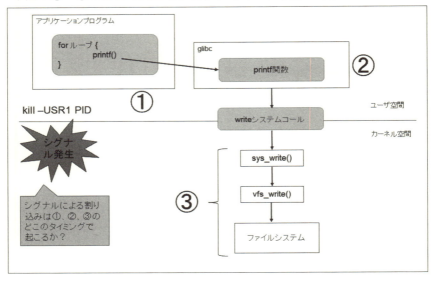

[割り込みのポイント]

①と②は「ユーザー空間」であるため、「シグナル」が「発生」した瞬間に「プログラム」の「処理」が「中断」され、即時「シグナル・ハンドラ」に飛びます。

③は「カーネル空間」なので、「カーネル」内での「処理」が即座に「中断」されるわけではありません。

「カーネル空間」は「**プリエンプティブ**」ではないため、任意の箇所で「中断」されることはなく、最後まで「処理」が「継続」されます。

そのため、「signal_pending」という「カーネル関数」(シグナルを受信したかどうかが分かる)を使って、自分自身で「処理」を「中断」するかどうかを判断する必要があります。

148

[5-2]　割り込み処理

　③の「カーネル空間」での「処理」は「システム・コール」であり、「システム・コール」を実行中に「シグナル」を「受信」した場合のフローは、下記の3パターンに分けられます。

---

[1]「システム・コール」をすべて「処理完了」させ(処理中断なし)、「シグナル・ハンドラ」を呼び出す。

[2]「システム・コール」を「中断」して「エラー」(EINTR)とし、「シグナル・ハンドラ」を呼び出す。

[3]「再実行指示」があれば、「システム・コール」を「中断」して「エラー」(ERESTARTSYS)とし、「シグナル・ハンドラ」を呼び出し後、「システム・コール」を「再実行」する。

　どのパターンになるかは、「システム・コール」の実装に依存します。

*

　ここで、パターン3の**「システム・コールの再実行」**について説明します。

*

　「シグナル・ハンドラ」を「sigaction関数」で登録するとき、「sa_flagsメンバー」に「SA_RESTART」を設定します。

　すると、「システム・コール」が「シグナル」で「中断」された場合、「ユーザー空間」の「シグナル・ハンドラ」を呼び出した後、その「システム・コール」を「再実行」することができます。

*

　「sigaction」の「manページ」にもそう書いてありますが、現実的には「システム・コール」が「再実行」されないケースもあります。

　(a)「SA_RESTART」を設定しても、「システム・コール」が対応していない場合は、「シグナル」で「中断」されたら「システム・コール」もそのまま「中断」される。

　「システム・コール」の「カーネル」の「実装」で「-ERESTARTSYS」を返す場合は「再実行」に対応していると言える。

149

第5章 排他制御

「中断」の「タイミング」や「条件」により、「-ERESTARTSYS」を返さない場合もある。

(b) 「SIGSTOPシグナル」で「プロセス」を一時停止後、「SIGCONTシグナル」で「プロセス」を再開させる場合(gdbデバッグ時)。

その場合、「システム・コール」が「再実行」されることがあるが、「システム・コール」が「-ERESTART_RESTARTBLOCK」を返した場合のみである。

さらに、「SA_RESTART」の「設定有無」は関係ない。

詳細は「restart_syscall」の「manページ」参照。

「SA_RESTART」の「設定有無」に拘わらず、「システム・コール関数」の「返り値」はチェックして、しかるべき対応を行なうことが重要です。

*

誤解を生みやすい「システム・コール」として、「sleep関数」や「usleep関数」から使われる、「nanosleepシステム・コール」があります。

これらの「処理」は「指定した時間」だけ「プロセス」を「**スリープ**」させることができます。

しかし、「スリープ」中に「シグナル」を受けると、「SA_RESTART」の「設定有無」に関わらず、「処理」が「中断」されます。

「残り時間」が「引数」なり「関数」の「返り値」で取得できるので、「アプリケーション・プログラム」側で、「リトライ処理」を作り込む必要があります。

*

以下の「コード」では、「シグナル」を受けると、「sleep関数」は、「残時間」を返してきます。

150

[5-2]　割り込み処理

[ex3_signal.c]

```
    val = sleep(60);
    printf( "%u¥n" , val);
```

そこで、「シグナル」によって「スリープ時間」が短縮されては困る場合は、
下記のように、「ループ」で回す必要があります。

[ex4_signal.c]

```
    val = 60;
    do {
        val = sleep(val);
        printf( "%u¥n" , val);
    } while (val > 0);
```

「sleep関数」は、内部で「nanosleepシステム・コール」を呼び出しており、
「nanosleepシステム・コール」を直接使うと、「残時間」がより小さな「粒度」
で取得できます。

[ex5_signal.c]

```
    req.tv_sec = 60;
    req.tv_nsec = 0;
    val = nanosleep(&req, &rem);
    printf( "ret=%d remain=%d:%d¥n" , val, rem.tv_sec, rem.
tv_nsec);
```

「実行プログラム」を「**SIGSTOP**」で停止後、「プロセス」を再開させた場合に
おいては、「nanosleepシステム・コール」は指定した「時間」だけ「スリープ」
します。

「**nanosleep関数**」は正常終了すると「0」を返しますが、「rem引数」には
「SIGSTOP」で停止したときの「残時間」が「格納」されます。

「nanosleepシステム・コール」の「カーネル実装」を参照し、「シグナル」の
「中断」にどう対応しているかを見てみます。

151

第5章 排他制御

・sys_nanosleep → hrtimer_nanosleep → do_nanosleep

という順で呼び出されます。

＊

　下記に、「do_nanosleep関数」から「コード」を抜粋したものですが、「スリープ中」に「シグナル」を受信した場合、「-ERESTART_RESTARTBLOCK」を返します。

　つまり、「-ERESTARTSYS」を返さないので、「システム・コール」は「再実行」されません。

　ただし、「SIGSTOP」から「**SIGCONT**」での「プロセス再開」時には、「再実行」されます。

[kernel/time/hrtimer.c]

```
static int __sched do_nanosleep(struct hrtimer_sleeper *t,
enum hrtimer_mode mode)
{
            :
    do {
        set_current_state(TASK_INTERRUPTIBLE);   ★割り込み可
能な状態にする
        hrtimer_start_expires(&t->timer, mode); ★タイマー開始

        if (likely(t->task))
            freezable_schedule();   ★スリープに遷移
        ★シグナルを受信すると以降の行に進む

        hrtimer_cancel(&t->timer); ★タイマー停止

        ★プロセスが終了するか、シグナルを受信するとループを抜ける
    } while (t->task && !signal_pending(current));

    ★実行状態にする
    __set_current_state(TASK_RUNNING);

    if (!t->task) ★プロセスが終了していれば戻る
        return 0;

    ★SIGCONTによるプロセス再開に備えた準備を行なう
    restart = &current->restart_block;
```

152

[5-2] 割り込み処理

```
    if (restart->nanosleep.type != TT_NONE) {
        ★スリープの残時間を計算して返す
        ktime_t rem = hrtimer_expires_remaining(&t->timer);
             :
        return nanosleep_copyout(restart, &rmt);
★-ERESTART_RESTARTBLOCK
    }
    return -ERESTART_RESTARTBLOCK;
}
```

＊

「カーネル」の「シグナル・ハンドラ」の「実装」も見ておきましょう

「カーネル」の「シグナル・ハンドラ」は「**do_signal関数**」ですが、「アーキテクチャ」ごとに「処理」が変わるため、「パス」が異なります。

フローは下記の通りです。

・システムコール実行中→シグナル受信→システムコール中断→
　(ユーザー空間への復帰直前)→do_signal関数→handle_signal関数
　→(ユーザー空間への復帰)→ユーザー空間のシグナルハンドラ呼び出し
　→システムコールの終了 or 再実行

「**handle_signal関数**」は、もともと実行中だった「システム・コール」の「結果」を、どういう扱いにするかを決めています。

つまり、「システム・コール」を、「**エラー**」(EINTR)にするのか、「**再実行**」するのか、ということです。

[arch/x86/kernel/signal.c]

```
static void
handle_signal(struct ksignal *ksig, struct pt_regs *regs)
{
    ★システムコール実行中だったならば
    if (syscall_get_nr(current, regs) >= 0) {
        ★システムコールの返り値を見て
```

第5章 排他制御

```
        switch (syscall_get_error(current, regs)) {
        case -ERESTART_RESTARTBLOCK:
        case -ERESTARTNOHAND:
                ★-ERESTART_RESTARTBLOCKならエラー（EINTR）
                regs->ax = -EINTR;
                break;

        case -ERESTARTSYS:
                ★-ERESTARTSYSでかつSA_RESTARTが未設定ならばエラー
(EINTR)
                if (!(ksig->ka.sa.sa_flags & SA_RESTART)) {
                        regs->ax = -EINTR;
                        break;
                }
        /* fallthrough */
        case -ERESTARTNOINTR:
                ★-ERESTARTSYSでかつSA_RESTARTが設定されているなら
ば、システムコールを再実行する。
                regs->ax = regs->orig_ax;
                regs->ip -= 2;
                break;
        }
    }
}
```

5-3 マルチプロセスでの排他制御

■ 5-3の概要

本節では、「マルチ・プロセス」における「排他制御」の考え方について説明します。

「マルチ・プロセス」というのは、「**「ユーザー空間」**で「動作」する「プロセス」が、複数存在する」という意味です。

"「ユーザー空間」で「動作」する「プロセス」"というのは「アプリケーション・プログラム」のことです。

一般的な「Linux」では、「仮想メモリ」で「動作」するため、「プロセス」ごとに「メモリ領域」が独立しており、お互いに干渉することはありません。

＊

反面、「**カーネル空間**」では「メモリ領域」が共有されています。

そのため、「カーネル」内の「各処理」が「誤動作」して不正な「メモリ・アクセス」を行なうと、他の「処理」に「悪影響」を及ぼして、「**カーネル・パニック**」や「**カーネル・ストール**」を引き起こす可能性があります。

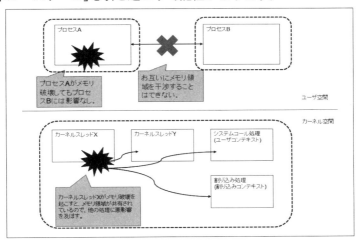

[マルチプロセスの仮想メモリ]

第5章 排他制御

「ユーザー空間」の「プロセス」は「メモリ領域」が独立していますが、「プロセス」間で「リソース」を「共有」することもできます。

「共有方式」としては、「ファイル」「**共有デバイスのmmap**」「**共有メモリ**」などがあります。

そして、「プロセス」間で「共有リソース」にアクセスする場合、「競合」を防ぐために「排他制御」する必要性があります。

*

「排他制御」を行なわないと、「共有リソース・アクセス」が期待した通りにならず、場合によっては「共有リソース」が壊れる危険性があります。

つまり、「コンテキスト」は「プロセスA」および「プロセスB」からの「共有リソース・アクセス」のことであり、「クリティカル・セクション」は「共有リソース」になります。

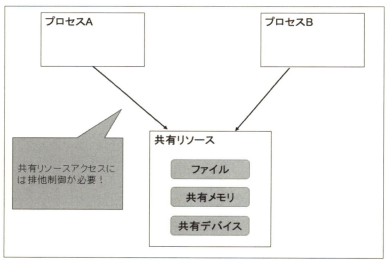

［マルチプロセスの共有リソースアクセス］

■「排他制御」のやり方

「排他制御」の手段としてはいくつかあるのですが、「セマフォ」(semaphore)が定番です。

*

「共有リソース・アクセス」の「競合」を防ぐためには、1つの「プロセス」から「アクセス」中に、他の「プロセス」からの「アクセス」があれば、その「プロセス」を待たせればよく、そのための手段として「セマフォ」が有効です。

*

「プロセス」が「共有リソース」に「アクセス」する前に、「セマフォ」にお伺いを立てて、「許可」を得られれば「アクセス」を行ない、「許可」が得られなければ、「許可」が出るまで待ちます。

*

「セマフォ」の語源が「**腕木式信号機**」であることから、「セマフォ」は「信号機」のようなもので、「青なら進み、赤なら青になるまで待つ」ことと同じです。

*

下図に「セマフォ」の「**仕組み**」を示します。

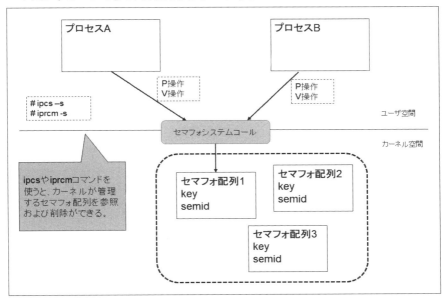

[セマフォのしくみ]

| 第5章 | 排他制御 |

「セマフォ」は「Linux全体」で管理されるので、「セマフォ」の「実体」は「カーネル空間」に用意され、「**セマフォ配列**」（カーネル・メモリ）と呼ばれます。

*

「セマフォ配列」は、必要に応じて複数作成することができ、「プロセス」が「カーネル」に対して「作成指示」を行ないます。

「**セマフォ配列**」の「**削除**」も、「プロセス」から「明示的」に行なう必要があります。

「プロセス」が「異常終了」した場合は、「セマフォ配列」が「カーネル」内にそのまま残ることになります。

「ipcs」や「**ipcrm コマンド**」を使うことで、「カーネル」内に存在する「セマフォ配列」を管理することができます。

図にある「**P操作**」というのは、「「セマフォ」を取得すること」を意味し、「**V操作**」というのは「セマフォを解放すること」を意味します。

「'P'」や「'V'」というのは「オランダ語」が語源です。
「'P'」は「passeren」、'V'は「vrijgeven」または「verhoog」を表わします。

「セマフォ」を使うと、1つの「プロセス」が「共有リソース」に「アクセス」中は、他の「プロセス」は待たされるようになります。

たとえば、「プロセスA」が、以下の流れで[2]を「実行中」だった場合、

---

[1]セマフォを取得する
[2]共有リソースにアクセスする
[3]セマフォを解放する

「プロセスB」は、同じ「流れ」を「実行」しようとしても、[1]の時点で「セマフォ」が「解放」されるまで待たされます。

このように、「共有リソース」に「アクセス」する「プロセス」を1つに限定できるので、「アクセス」が「競合」することはなくせます。

[5-3]　マルチプロセスでの排他制御

　ただし、「アクセス時間」が長いと、それだけ他の「プロセス」の「待ち」も長くなり、「システム」の性能に影響があるので要注意です。

■ セマフォ関数

　「プロセス」から「セマフォ」を使うために、必要な「システム・コール」が用意されています。
　「各関数」ごとに「manページ」もあります。

システムコール	説　明
ftok	ファイルとIDからセマフォ用キーを生成する
semget	キーを元にセマフォを作成および取得する
semop	セマフォの取得および開放を行なう。
semctl	セマフォの初期値設定や削除を行なう

*
　まず、最初に「セマフォ」を作成します。

　前述したように「カーネル」内に「セマフォ配列」は複数作ることができるため、「セマフォ配列」を「ユニーク」に「識別」する必要があります。

　そのために、「ftok関数」が用意されています。

　「引数」に「ファイル名」と「1文字」を指定することで、「Linux」全体で「重複しない値」が「生成」されます。

　「ファイル」は「実体」があればいいだけなので、「空ファイル」でも問題ありませんが、「セマフォ」を利用する前に作っておく必要があります。

159

第5章 排他制御

[process.c]
```
key = ftok( "/tmp/mysema.dat" , 'Y' );
```

実行結果

```
# touch /tmp/mysema.dat
```

「キー」が作れたら「semget関数」で「セマフォ」を作成します。

「コツ」として「IPC_EXCL」を加えておくと、すでに「セマフォ」が作成済みかどうかを検出することができます。

＊

1つの「キー」に対して「セマフォ」は1つしか作れないので、すでに「セマフォ」が作成済みかどうかの「チェック」にも使えます。

ここで「semget関数」が返す「値」が「semid」と呼ばれる「数値」になります。

これは、「「Linuxカーネル」内に「セマフォ配列」が作られた」ということでもあり、「ipcsコマンド」でも「セマフォ」が見えるようになります。

作った「セマフォ」に「初期値」を与える必要があるため、「semctl関数」で「1」を設定します。

「セマフォ」の「P操作」で1つ「減算」すると、「値」が「0」になり、他の「P操作」が「待ち」になる、という動きをします。

[process.c]
```
id = semget(key, 1, 0666 | IPC_CREAT | IPC_EXCL);
if (id == -1) {
    if (errno == EEXIST) {
        // すでにセマフォが作成済み
        id = semget(key, 1, 0);
    }
}

arg.val = 1;
ret = semctl(id, 0, SETVAL, arg);
```

【5-3】 マルチプロセスでの排他制御

＊

ここで、「**ipcsコマンド**」の「実行例」を見ておきましょう。

＊

「ipcsコマンド」は「セマフォ配列」以外にも、「メッセージ・キュー」と「共有メモリ・セグメント」にも対応しています。

そのため、「セマフォ配列」に関する情報だけを表示するには「-s」オプションをつけます。

＊

「日本語表示」で「列」が崩れているのが気になる場合は、「コマンド」の先頭に「LANG=C」を付けると、「英語表記」になります。

実行結果

・・

```
# ipcs -s

------ セマフォ配列 --------
キー        semid        所有者   権限        nsems
0x592ba3d8 393216       yutaka       666              1

# LANG=C ipcs -s

------ Semaphore Arrays --------
key          semid        owner        perms        nsems
0x592ba3d8 393216       yutaka       666              1
```

「セマフォ」を取得する(P操作)には「semop関数」を使います。

＊

ここで重要な「設定」があります。

それは、「sem_flg」に「**SEM_UNDO**」を「指定」することです。

この「指定」をしておくと、「プロセス」が「セマフォ」を取得したまま「異常終了」した場合に、「セマフォ」の取得状態が「自動的」に「解除」されます。

この「指定」がない場合は、「セマフォ」が取得されたままとなります。

161

第5章　排他制御

[process.c]

```
    sb.sem_num = 0;
    sb.sem_op = -1;  // P操作
    sb.sem_flg = SEM_UNDO;  //プロセス終了時破棄の有無
    ret = semop(g_semaid, &sb, 1);
```

「セマフォ」を解放する（V操作）には「semop関数」を使います。

[process.c]

```
    sb.sem_num = 0;
    sb.sem_op = 1;  // V操作
    sb.sem_flg = SEM_UNDO;  //プロセス終了時破棄の有無
    ret = semop(g_semaid, &sb, 1);
```

「セマフォ」を使った「サンプル・コード」は、「process.c」と「process_done.c」に用意しました。

「process.c」は「SEM_UNDO」の「指定」があり、「process_done.c」は「指定」がないものとなっています。

■「サンプル・コード」の「実行結果」

「process.c」を「コンパイル」して、「実行ファイル」を「process」で「生成」したとして、「実行」していきます。

まずは、「process」を連続して2つ起動し、「ipcs」で「セマフォ配列」の状態を確認します。

2つ目の「プロセス」が「セマフォ解放待ち」になっており、排他制御がなされています。

「セマフォ」を「削除」すると、「ipcs」からも消えます。

162

[5-3]　マルチプロセスでの排他制御

実行結果

```
# cc -Wall process.c -o process
# touch /tmp/mysema.dat
# ./process
Created semaphore semid=425984 key=0x592ba3d8
Locked sema
Sleeping...Done!
Unlocked sema
Hit any key.(will remove semaphore)
```

実行結果

```
# ./process
Already created semaphore 425984
Locked sema
Sleeping...Done!
Unlocked sema
Hit any key.(will remove semaphore)
```

実行結果

```
# ipcs -s

------- セマフォ配列 --------
キー        semid      所有者  権限      nsems
0x592ba3d8 425984     yutaka        666
```

＊

　次は、もう一度、2つの「プロセス」を「連続起動」するのですが、1つ目の「プロセス」が「セマフォ」を取得した状態で、「当該プロセス」を「CTRL+C」で「強制終了」させてみます。

　「強制終了」させた瞬間に「OS」(Linuxカーネル)により「セマフォ」が「解放」されるので、2つ目の「プロセス」がすぐに「セマフォ」を取得しています。

　この「動作」は「sem_flg」に「SEM_UNDO」を「指定」したことによる効果です。

163

第5章 排他制御

実行結果

```
# ./process
Created semaphore semid=458752 key=0x592ba3d8
Locked sema
Sleeping...^C
```

実行結果

```
# ./process
Already created semaphore 458752
Locked sema
Sleeping...Done!
Unlocked sema
Hit any key.(will remove semaphore)
```

*

「process_done.c」は「process.c」から sem_flg に「SEM_UNDO」を「指定」しないようにした「プログラム」で、「セマフォ取得」したまま「プロセス」を「強制終了」させても、「セマフォ」が解放されません。

そのため、2つ目以降の「プロセス」は「セマフォ」が取得できずに「永久」に待たされます。

■「セマフォ」の「取得状態」

「セマフォ」を作るときに「ファイル」と「ID」を元に、「semid」を「生成」しました。
この「semid」を使うと、「セマフォ」の「取得状態」が「取得」できます。

*

「semctl関数」を使うと「セマフォ」に関するさまざまな情報が「取得」できるのですが、その中でも、

・「セマフォ」の「取得待ちプロセス」の数
・「セマフォ」を「取得したプロセスID」(生存不明)
・「セマフォ」の現在の「値」(1=初期値 0=取得中)

【5-3】 マルチプロセスでの排他制御

といった情報は「デバッグ」に有効です。

*

任意の「プロセス」が「セマフォ」を「取得」したままになり、「プログラム全体」が動かなくなってしまった**場合**に、「プロセスID」を知ることができるので、「問題被疑」の「プロセス」を特定することができます。

*

「semctl関数」の使い方ですが、「manページ」を見ると「cmd引数」以降が「**可変長引数**」になっています。

「cmd」が「GETNCNT」の場合では、「関数」の「返り値」として情報が返ってくるとあるので、「可変長引数」の「指定」は不要であることが分かります。

[man semctl]

SYNOPSIS

　　　int semctl(int semid, int semnum, int cmd, ...);

Valid values for cmd are:

GETNCNT　Return the value of semncnt for the semnum-th semaphore of the set (i.e.,the number of processes waiting for an increase of semval for the semnum-th semaphore of the set). The calling process must have read permission on the semaphore set.

　　　↓(拙訳)

cmdの値は:

GETNCNT　関数はsemnum番目のセマフォ配列のsemncnt値を返す(すなわちsemnum番目の

　　　　セマフォ配列のsemvalの増加を待っているプロセスの数である)。

　　　　関数を呼び出したプロセスはセマフォ配列に対する読み込み権限が必要である。

第5章　排他制御

＊

「セマフォ」の「取得待ちプロセス」の数は「cmd=GETNCNT」。

「セマフォ」を「取得したプロセスID」は「cmd=GETPID」。

「セマフォ」の現在の「値」は「cmd=GETVAL」で、それぞれ得ることができます。

＊

具体的な「コード」を、以下に示します。

[process_info.c]

```
// セマフォを待っているプロセスの数
ret = semctl(id, 0, GETNCNT);
// セマフォを取得したプロセスID
ret = semctl(id, 0, GETPID);
// セマフォの現在の値(1=初期値 0=取得中)
ret = semctl(id, 0, GETVAL);
```

この「3つ」の「値」から、以下のことが判断できます。

GETNCNT	GETVAL	GETPID	意　味
1以上	0	Z	「PID=Z」のプロセスが取得中で、複数のプロセスが待っている。
0	1	Z	「PID=Z」のプロセスが取得後、解放した。(*1)
0	0	Z	「PID=Z」のプロセスが取得中。

(*1) PID=Zのプロセスは終了していなくなっている場合もある。

＊

「セマフォ」の「取得状態」を使った、「サンプル・コード」を「process_info.c」に用意しました。

166

以下に実行結果を示します。

実行結果

```
↓セマフォが作られていない(ipcs -sでも見えない)
# ./process_info
[/tmp/mysema.dat]
No more semaphore: No such file or directory

↓プロセス(PID=24263)がセマフォを取得中
# ./process_info
Got semaphore semid=98304 key=0x592bbd77
GETNCNT 0
GETPID 24263
GETVAL 0
セマフォ semid=98304 は PID=24263 が取得し、まだ解放していません.

↓プロセス(PID=24263)がセマフォを取得後、解放した。
 当該プロセスはもういなくなっているかもしれない。
# ./process_info
Got semaphore semid=98304 key=0x592bbd77
GETNCNT 0
GETPID 24263
GETVAL 1
セマフォ semid=98304 は PID=24263 が取得し、解放しました.

↓プロセス(PID=24391)がセマフォを取得中で、かつ
 別のプロセスがセマフォ取得待ちとなっている。
# ./process_info
Got semaphore semid=131072 key=0x592bc115
GETNCNT 1
GETPID 24391
GETVAL 0
セマフォ semid=131072 は PID=24391 が取得中で
1 個のプロセスが待っています.
```

第5章 排他制御

5-4　マルチスレッドでの排他制御

■ 概要

　本節では、「マルチ・スレッド」における「排他制御」の考え方について説明します。

＊

　「マルチ・スレッド」は1つの「プロセス」内に、さらに「小さなプロセス」(メモリ領域は共有)が内在しているようなものです。

　この「小さなプロセス」のことを「Linux」では、**「LWP」**(light-weight process: **軽量プロセス**)と呼んでいます。

　「psコマンド」の「-Lm」オプションを使うと、「プロセス」内で「動作中」の「スレッド」の**「LWP番号」**が分かります。

＊

　以下の「実行例」では、「プロセス」の「PID」が「176810」で、「5つ」の「スレッド」(176811~176815)が「動作中」であることを表わしています。

　「LWP番号」は、「プログラム」の中からは「gettidシステム・コール」で「取得」できます。

> **実行結果**

```
# ps -Lm 176810
    PID    LWP TTY       STAT    TIME COMMAND
 176810      - pts/1     -       0:00 ./thread
      - 176810 -         Sl+     0:00 -
      - 176811 -         Sl+     0:00 -
      - 176812 -         Sl+     0:00 -
      - 176813 -         Sl+     0:00 -
      - 176814 -         Sl+     0:00 -
      - 176815 -         Sl+     0:00 -
```

　「マルチ・スレッド」では、複数の「スレッド」が同時に動くため、「共有リソース・アクセス」に対して、「排他制御」が必要となります。

この考え方は「マルチ・プロセス」と同じです。

[マルチスレッドの共有リソースアクセス]

■「排他制御」のやり方

「マルチ・スレッド」での「排他制御」を行なう手段としては、実は「マルチ・プロセス」と同様に、「セマフォ」を使うことができます。

「セマフォ」を使うと、**前節**で紹介した「プロセス」の外から「セマフォ」の「取得状態」を知ることができるので、「デバッグ」の効率がよくなるというメリットがあります。

*

「セマフォ」を使った、「サンプル・コード」を「thread.c」に用意しました。

[thread.c]

```
void *sub_thread(void *arg)
{
    int n = (int)(long)arg;
```

第5章　排他制御

```c
    printf( "%s[%d] pid=%d tid(LWP)=%d¥n" ,
            __func__, n, getpid(), my_gettid()
            );

    lock_sema();　// セマフォ取得

    // ここから~クリティカルセクション
    printf("Sleeping...");
    fflush(stdout);
    sleep(SLEEP_TIMEOUT);
    printf("Done!¥n");
    // ここまで~クリティカルセクション

    unlock_sema(); // セマフォ解放

    return NULL;
}
```

実行結果

```
# touch /tmp/mysema.dat
# cc -Wall thread.c -lpthread -o thread
# ./thread
Created semaphore semid=163840 key=0x592b99b7
Thread start!
    :
sub_thread[4] pid=176993 tid(LWP)=176998
Locked sema
Sleeping...sub_thread[3] pid=176993 tid(LWP)=176997
    :

# ps -Lm 176993
   PID    LWP TTY         STAT    TIME COMMAND
176993      - pts/2       -       0:00 ./thread
    - 176993 -           Sl+     0:00 -
    - 176994 -           Sl+     0:00 -
    - 176995 -           Sl+     0:00 -
    - 176996 -           Sl+     0:00 -
    - 176997 -           Sl+     0:00 -
```

[5-4] マルチスレッドでの排他制御

「セマフォ」でも「排他制御」はできるのですが、「マルチ・スレッド専用」に、「pthread mutex」という「仕組み」が用意されています。

「pthread mutex」は、「futexシステム・コール」を利用しており、「セマフォ」と比較して「**高速な処理**」ができるのが特徴です。

「**futex**」は「fast userspace mutex」の略です。

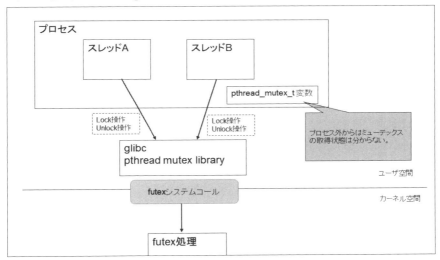

[pthread mutexのしくみ]

「pthread mutex」は使い方がとても簡単です。

「pthread_mutex_t」の「変数」を1つ用意するだけなので、「セマフォ」に比べると「初期準備」が楽です。

[thread_mutex.c]

```
// 変数を用意する。ローカル変数でも可。
pthread_mutex_t g_mutex = PTHREAD_MUTEX_INITIALIZER;

// pthread mutexの初期化
ret = pthread_mutex_init(&g_mutex, NULL);
// pthread mutexの破棄
ret = pthread_mutex_destroy(&g_mutex);
```

第5章　排他制御

```
// pthread mutexの取得
ret = pthread_mutex_lock(&g_mutex);
// pthread mutexの解放
ret = pthread_mutex_unlock(&g_mutex);
```

＊

「pthread mutex」を使った、「サンプル・コード」を「thread_mutex.c」に用意しました。

「セマフォ」とは異なり、「プロセス」の「外」から「pthread mutex変数」を参照することはできません。

しかし、「グローバル変数」にしておくことで、「プロセス単体」を「デバッグ」する時には便利です。

＊

「マルチ・スレッド」の「排他制御」の話は以上で終わりです。

次節以降では、「マルチスレッド・プログラミング」における「落とし穴」について説明します。

■「スレッド」の「メモリ・リーク」

「スレッド」の「生成」は「pthread_create関数」で行ないますが、起動した「スレッド」の終了を、必ず「pthread_join関数」で待ち合わせする必要があります。

なぜなら、「pthread_join関数」が「スレッド用」に確保した「メモリ」を「解放」するからであり、当該「関数」を呼び出さないと、「プロセス内部」に「メモリ」が残ったままとなるからです。

＊

「プロセス」を「起動」したまま、「スレッド」の「起動」と「終了」を繰り返す場合、「プロセス」の「**メモリ・リーク**」が起こります。

> ※なお、「メモリ・リーク」というと、「Linuxシステム全体の「メモリ」が枯渇すること」を指しますが、ここで言及している「メモリ・リーク」はプロセスだけの話です。

[5-4] マルチスレッドでの排他制御

　もし、「プロセス」が「**メモリ・リーク**」したとしても、「プロセス」を「終了」させると、「メモリ」はすべて「解放」されます。

[thread_leak.c]

```
        // スレッドを生成する
        for (i = 0 ; i < ThreadMax ; i++) {
            ret = pthread_create(&th[i], NULL, sub_thread,
(void*)(long)i);
            if (ret != 0) {
                perror("pthread_create");
                goto end;
            }
            usleep(SLEEP_TIMEOUT);
        }

        // 下記スレッド終了待ち合わせをしないと
        // プロセスメモリリークする。
        // スレッドの終了を待つ
        for (i = 0 ; i < ThreadMax ; i++) {
            ret = pthread_join(th[i], NULL);
            if (ret != 0) {
                perror("pthread_join");
                goto end;
            }
        }
```

　意図的に、「終了待ち合わせ」を行なわないようにした「プログラム」を動かしてみると、過去に「生成」した「スレッド」は存在していないにも拘わらず、「pthread_create関数」が失敗します。

　原因は「**メモリ不足**」です。

実行結果

```
↓スレッドの生成と終了を32755回繰り返した後にエラー
# ./thread_leak
Thread start!
sub_thread[0] pid=177132 tid(LWP)=177133
counter 32755
```

173

第5章 排他制御

```
↰
pthread_create: Cannot allocate memory
Hit any key.(will remove semaphore)

↓上記エラー時点で、プロセスのスレッドは0個。
# ps -Lm 177132
    PID    LWP TTY       STAT    TIME COMMAND
 177132      - pts/2     -       0:00 ./thread_leak
      - 177132 -         S+      0:00 -
```

「メモリ不足」といっても、「Linux全体」の「メモリ」が不足しているわけではありません。

実行結果

```
↓availableを見ると空きは十分ある
# free
              total       used        free        shared
              buff/cache  available
Mem:          13738640    1901128     11274972    1216
              62540       11685104
Swap:         4194300     0           4194300
```

「/proc/PID/status」を見ると、「Vm」で始まる箇所(VmPeak, VmSize, VmData)の「数値」が膨れ上がっていることが分かります。

これが、「プロセス」が「**メモリ・リーク**」している原因です。

これらの「値」は「プログラム」の実行開始時、「14684 kB」や「8400 kB」といった小さな「数値」です。

[5-4] マルチスレッドでの排他制御

実行結果

```
# cat /proc/177132/status
Name:    thread_leak
Umask:   0002
State:   S (sleeping)
Tgid:    177132
Ngid:    0
Pid:     177132
PPid:    1490
         :
         :
VmPeak: 24283832 kB ★
VmSize: 24283832 kB ★
VmLck:        0 kB
VmPin:        0 kB
VmHWM:    26192 kB
VmRSS:    26192 kB
RssAnon:          24592 kB
RssFile:           1600 kB
RssShmem:             0 kB
VmData: 24265704 kB  ★
VmStk:      136 kB
VmExe:        4 kB
VmLib:     2004 kB
VmPTE:    12020 kB
VmSwap:       0 kB
         :
```

   :

■ スレッド・セーフ

「スレッド」上で使える「標準ライブラリ」には制限があり、すべての「関数」
が使えるわけではありません。

「スレッド」上で問題なく使える「関数」のことを「「スレッド・セーフ」であ
る」と言います。

＊

詳細は「man 7 pthreads」にも記載がありますが、以下に抜粋します。

第5章　排他制御

　これらの「関数」は「「スレッド・セーフ」では「ない」」関数であり、「スレッド」上では使用禁止です。

[スレッドセーフではない関数]

asctime()	dbm_fetch()	endgrent()
basename()	dbm_firstkey()	endpwent()
catgets()	dbm_nextkey()	endutxent()
crypt()	dbm_open()	fcvt()
ctermid()	dbm_store()	ftw()
ctime()	dirname()	gcvt()
dbm_clearerr()	dlerror()	getc_unlocked()
dbm_close()	drand48()	getchar_unlocked()
dbm_delete()	ecvt()	getdate()
dbm_error()	encrypt()	getenv()
getgrent()	getopt()	getutxent()
getgrgid()	getprotobyname()	getutxid()
getgrnam()	getprotobynumber()	getutxline()
gethostbyaddr()	getprotoent()	gmtime()
gethostbyname()	getpwent()	hcreate()
gethostent()	getpwnam()	hdestroy()
getlogin()	getpwuid()	hsearch()
getnetbyaddr()	getservbyname()	inet_ntoa()
getnetbyname()	getservbyport()	l64a()
getnetent()	getservent()	lgamma()
lgammaf()	putchar_unlocked()	strerror()
lgammal()	putenv()	strsignal()
localeconv()	pututxline()	strtok()
localtime()	rand()	system()
lrand48()	readdir()	tmpnam()
mrand48()	setenv()	ttyname()
nftw()	setgrent()	unsetenv()
nl_langinfo()	setkey()	wcrtomb()
ptsname()	setpwent()	wcsrtombs()
putc_unlocked()	setutxent()	wcstombs()
		wctomb()

【5-4】 マルチスレッドでの排他制御

なお、「標準ライブラリ」ではなく、独自に作られた「関数」が「スレッド・セーフ」かどうかは、その「関数」の「実装」次第となるため、その都度確認が必要です。

確認の「観点」としては、

> ・「グローバル変数」を使っているか
> ・「静的領域(static)変数」を使っているか
> ・「共有リソース」に「アクセス」しているか

といったところで、ポイントとしてはこれらの情報を使っていても、きちんと「排他制御」しているかどうか、です。

同じ「関数」は「同時実行されても問題ないか」という「観点」でチェックします。

*

具体的に「スレッド・セーフ」ではない、「標準ライブラリ」の「実装」を見てみましょう。

*

「localtime関数」を例に挙げます。

「glibc」での「実装」は以下の通りです。

「_tmbuf」という「struct tm 型」の「グローバル変数」が、「ライブラリ」内で「定義」されており、その「変数」の「ポインタ」が使われています。

確かに、「スレッド・セーフではない」と言えます。

「localtime関数」の「スレッド・セーフ版」である「localtime_r関数」が用意されています。

177

第5章　排他制御

[time/localtime.c]

```
/* The C Standard says that localtime and gmtime return the
   same pointer.  */
struct tm _tmbuf; ★

/* Return the `struct tm' representation of *T in local time.  */
struct tm *
localtime (const time_t *t)
{
  return __tz_convert (t, 1, &_tmbuf); ★
}
libc_hidden_def (localtime)
```

■「マルチ・スレッド」と「fork」

「マルチ・スレッド」で「fork」を使う場合の落とし穴について説明します。

*

「forkシステム・コール」を使うと、「子プロセス」を「生成」することができますが、「親プロセス」が保持する「リソース」を「コピー」します。

たとえば、「親プロセス」が「ファイル」を「オープン」していたとします。
すると、「子プロセス」は「ファイル・ディスクリプタ」の「コピー」をもつことになり、1つの「ファイル」を2つの「プロセス」から「多重オープン」した形となります。

このとき、問題となるのが「ファイル」の「クローズ処理」です。

「カーネル」内の「処理」は、

[1]「closeシステム・コール」の呼び出し
[2]「VFS」の「close処理」(filp_close)の呼び出し
[3]「ファイル・システム」の「close処理」(release)の呼び出し

という流れになるのですが、「多重オープン」されていると、最後の「クローズ」となる「プロセス」だけが[3]の「処理」に進めます。

*

「ファイル・ディスクリプタ」に「**参照カウンタ**」(f_count)が設けられており、

[5-4] マルチスレッドでの排他制御

この「値」が「ゼロ」になったときが、「最後のプロセスによるクローズ」である、と判断しているからです。

「プログラム」の「期待動作」として「ファイル」を「クローズ」しているにも拘わらず、実は「ファイル・システム」まで「クローズ処理」が落ちておらず、期待外の動作となることがあります。

このことは、「ファイル・システム」上の「ファイル」に限らず、「デバイス・ファイル」(/dev/XXX) を「オープン」した場合も同様です。
「ドライバ・レベル」で「クローズ」が落ちてきません。

本当に「ファイル・システム」や「ドライバ・レベル」で「クローズ」されるのは、「最後のプロセス」が終了したタイミングです。

この現象は、「スレッド」上から明示的に「**fork**」を使っていない場合には発生しませんが、「system関数」を使うと内部で「**fork+exec**」しているので、同様の現象が発生します。

＊

以上のことを、下図に示します。

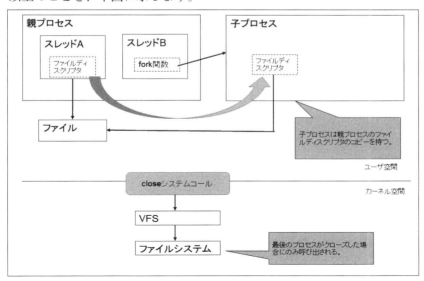

[マルチスレッドとfork]

第5章 排他制御

「Linuxカーネル」の「実装」も確認しておきましょう。

「closeシステム・コール」からの「関数呼び出し」の流れは、下記の通りです。

```
        sys_close
           ↓
        __close_fd
           ↓
        filp_close
           ↓
        fput
```

「fput関数」で「参照カウンタ」を見ており、「1以上」の場合は次の「処理」へ進まず、「呼び出し元」にそのまま返ります。

[fs/file_table.c]

```
void fput(struct file *file)
{
    ↓参照カウンタを減算しゼロかどうか確認している。
      減算結果が1以上であれば何もしない。
    if (atomic_long_dec_and_test(&file->f_count)) {
                    :
        if (llist_add(&file->f_u.fu_llist, &delayed_fput_list))
            schedule_delayed_work(&delayed_fput_work, 1);
        ↑ここから先のクローズ処理はワークキューを利用して
          遅延実行している。つまり、非同期で行なわれる。
          遅延実行で__fput関数が呼び出され、ファイルシステムの
          close処理を呼び出す。
    }
}
```

「マルチ・スレッド」で「fork」を使った、「サンプル・コード」を見ていきます。

「ファイル・システム」の「close処理」の「呼び出し有無」を確認したいので、「ファイル」は「ext4」上に作ります。

180

[5-4] マルチスレッドでの排他制御

[thread_fork.c]

```c
#define FILENAME "/home/yutaka/src/thread/myfile.dat"

↓ひとつめのスレッド
void *sub_thread1(void *arg)
{
    FILE *fp;

    ↓ファイルを開く（空のファイルができる）
    fp = fopen(FILENAME, "w");
    g_file_opened = 1;

    ↓ふたつめのスレッドでforkの実行を待つ
    while (g_forked == 0) {
        sleep(1);
    }

    sleep(10);

    ↓ファイルをクローズする。
    ↓この時点ではファイルシステムまで落ちない。
    fclose(fp);
    g_file_opened = 0;
}

↓ふたつめのスレッド
void *sub_thread2(void *arg)
{
    pid_t pid;

    ↓ひとつめのスレッドがファイルを開くのを待つ
    while (g_file_opened == 0) {
        sleep(1);
    }

    ↓子プロセスを生成する
    pid = fork();
    if (pid == 0) { // 子プロセス
        sleep(30);
        _exit(0);
        ↑子プロセスでは_exit関数を使うのが定石。
```

181

第5章 排他制御

```
    } else { // 親プロセス
        g_forked = 1;
        waitpid(pid, NULL, 0);
        ↑子プロセスの終了を待つ。待たないと子プロセスが
          ゾンビプロセス(孤児プロセス)になる。
    }
}
```

＊

次に、「ファイル・システム」(ext4)の「close処理」が呼び出されているかどうかを確認するために、「**SystemTap**」という「仕組み」を利用します。

「Linuxカーネル」の「ソース・コード」を直接修正せずに、「printf文」を「挿入」することができて、非常に便利です。

＊

「SystemTap」を使うためには、下記の手順で「パッケージ」の「導入」が必要です。

実行結果
. . . .

```
# sudo yum install systemtap
# sudo yum debuginfo-install kernel-4.16.3-301.fc28.x86_64
```

「SystemTap」の「スクリプト」を作ります。

下記の「スクリプト」は「ext4_release_file関数」が呼び出されたら、そのときの「プロセス名」が「thread_fork」であれば、「PID」と「TID」(LWP番号)の表示、「スタック・トレース」の表示を行なうものです。

さらに、「ファイル」の「inode番号」も「出力」するようにしています。

＊

「SystemTap」の「スクリプト」の「言語仕様」は下記サイトに公開されています。

http://sourceware.org/systemtap/

[5-4] マルチスレッドでの排他制御

[ext4_fileclose.stp]

```
#! /usr/bin/stap
#
# sudo stap -v -g ext4_fileclose.stp
#

%{
#include "/usr/src/kernels/4.16.3-301.fc28.x86_64/include/
linux/fs.h"
%}

function get_fileinfo(filp:long)
%{
    struct file *fp = (struct file *)(long)THIS->l_filp;
    unsigned long val = fp->f_inode->i_ino;

    _stp_printf( "inode %d¥n" , val);
%}

probe kernel.function( "ext4_release_file" ) {
    if (execname() == "thread_fork" ) {
        printf( "pid %d tid %d¥n" , pid(), tid())
        get_fileinfo($filp)
        print_backtrace()
    }
}
```

＊

「サンプル・コード」の「実行結果」を、以下に示します。

実行結果

```
↓親プロセスはPID=13049、子プロセスはPID=13052である。
# ./thread_fork
(2)sub_thread2[1] pid=13049 tid(LWP)=13051
(2)waiting fileopening...
(1)sub_thread1[0] pid=13049 tid(LWP)=13050
(1)/home/yutaka/src/thread/myfile.dat was opened
(1)waiting forking...
(2)fileopened!
(2)Parent pid=13049 ppid=2690 tid=13051
(1)forked!
```

第5章 排他制御

```
 (2)Child pid=13052 ppid=13049 tid=13052
 (1)/home/yutaka/src/thread/myfile.dat was closed
 (2)Child process terminated.
 Hit any key.(will be terminated)
```

実行結果

....

↓親プロセスは2つのスレッド (13050と13051) を起動している
```
# ps -Lm 13049
   PID    LWP TTY        STAT    TIME COMMAND
 13049      - pts/0      -       0:00 ./thread_fork
     -  13049 -          Sl+     0:00 -
     -  13050 -          Sl+     0:00 -
     -  13051 -          Sl+     0:00 -
```
↓子プロセスはスレッドを持たない
```
# ps -Lm 13052
   PID    LWP TTY        STAT    TIME COMMAND
 13052      - pts/0      -       0:00 ./thread_fork
     -  13052 -          S+      0:00 -
```

実行結果

....

↓親プロセスと子プロセスがファイルをオープンしている
```
# fuser -v myfile.dat
                         USER        PID ACCESS COMMAND
/home/yutaka/src/thread/myfile.dat:
                         yutaka     13049 F.... thread_fork
                         yutaka     13052 F.... thread_fork
```
↓親プロセスがclose後は子プロセスのみオープン。
```
# fuser -v myfile.dat
                         USER        PID ACCESS COMMAND
/home/yutaka/src/thread/myfile.dat:
                         yutaka     13052 F.... thread_fork
```

↓ファイルのinode番号は1048469である。
```
# ls -li myfile.dat
1048469 -rw-rw-r--. 1 yutaka yutaka 0  7月 19 20:58 myfile.dat
```

[5-4] マルチスレッドでの排他制御

実行結果

```
# sudo stap -v -g ext4_fileclose.stp
[sudo] yutaka のパスワード：
Pass 1: parsed user script and 476 library scripts using
 397820virt/89436res/8808shr/80396data kb, in
190usr/20sys/215real ms.
Pass 2: analyzed script: 1 probe, 6 functions, 4 embeds, 0
 globals using 597216virt/290152res/10292shr/279792data kb,
 in 1490usr/270sys/1792real ms.
Pass 3: using cached /root/.systemtap/cache/3c/stap_3c8842
4c6e7bcf39f66acbd45d0fe93e_2872.c
Pass 4: using cached /root/.systemtap/cache/3c/stap_3c8842
4c6e7bcf39f66acbd45d0fe93e_2872.ko
Pass 5: starting run.
↓下記のスタックトレースはinode番号が別物だから無視
pid 13049 tid 13049
inode 416786
 0xffffffff953250b0 : ext4_release_file+0x0/0xa0 [kernel]
 0xffffffff952865a6 : __fput+0xa6/0x1f0 [kernel]
 0xffffffff950c6c94 : task_work_run+0x84/0xa0 [kernel]
 0xffffffff9500370e : exit_to_usermode_loop+0x9e/0xa0 [kernel]
 0xffffffff95003b1c : do_syscall_64+0x16c/0x180 [kernel]
 0xffffffff95a00081 : entry_SYSCALL_64_after_hwframe+0x3d/0xa2 [kernel]
 0x0 (inexact)
↓下記のスタックトレースはファイル（myfile.dat）のもので、
  子プロセスの終了時点で出力される。つまり、close処理は1回だけ。
pid 13052 tid 13052
inode 1048469
 0xffffffff953250b0 : ext4_release_file+0x0/0xa0 [kernel]
 0xffffffff952865a6 : __fput+0xa6/0x1f0 [kernel]
 0xffffffff950c6c94 : task_work_run+0x84/0xa0 [kernel]
 0xffffffff950ad493 : do_exit+0x2d3/0xae0 [kernel]
 0xffffffff950add1a : do_group_exit+0x3a/0xa0 [kernel]
 0xffffffff950add90 : __wake_up_parent+0x0/0x30 [kernel]
 0xffffffff95003a24 : do_syscall_64+0x74/0x180 [kernel]
 0xffffffff95a00081 : entry_SYSCALL_64_after_hwframe+0x3d/0xa2 [kernel]
 0x0 (inexact)
^CPass 5: run completed in 10usr/30sys/55375real ms.
```

185

第 6 章
32bitと64bitの違い

6章では「32bitプログラム」と「64bitプログラム」を開発する上で、「開発者」に必要となってくる、「知識」と「ノウハウ」について説明します。

第❻章　32bitと64bitの違い

6-1　64bitプログラミング

■ 6-1の概要

　6章では「プログラム開発」をする上で、「プログラム」を「動作」させる環境において、「プロセッサ」が「32bit」なのか「64bit」なのかで、「プログラミング」をする際に注意すべき事項について説明します。

　最近は、「個人ユース」でも「プロセッサ」の「64bit化」が浸透しており、「64bitプログラミング」が身近になりました。

　原稿執筆時点(2018年)から20年前では、「Windows2000」もまだ登場する前で、「64bitマシン」と言えば「商用UNIX」で使うくらいでした。

　「64bit化」を推進するために、2001年に登場した「**Itanium**」は「ビジネス戦略」がうまくいかなかったことで、「64bit化」が遅れ、「32bit時代」が長く続くことになります。

　現在では、「スマホ」や「パソコン」は、すでに「64bit化」され、「組み込み機器」も「64bit化」が進んできています。

　「64bitプログラミング」がようやく一般的に行なわれるようになってきており、「開発者」にも、その「スキル」が必要となる時代になりました。

　しかし、「32bit環境」もまだ現役で残っているため、「ソフトウェア」の開発を行なう側としては、**「32bit」と「64bit」**の違いを理解した上で開発に取り組む必要があります。

■ 「64bit」で変わること

　「C言語」の「プログラム」で見た場合、「32bit環境」と「64bit環境で何が変わるかと言うと、

> ・「long」と「ポインタ」が「4バイト」から「8バイト」になる

188

[6-1] 64bit プログラミング

ということに尽きます。

*

「C言語」の「規格」としては、「データ型」の「サイズ」は定量的に決められているわけではないのですが、「Linux」の「gcc」では下記のように定義されています。

[Linuxのgccによるデータ型のサイズの定義]

OSタイプ	char	short	int	long	ポインタ	long long
32bit Linux	1	2	4	4	4	8
64bit Linux	1	2	4	8	8	8

※「表」の「数値」は「バイト」単位

「sizeof演算子」を使うと、実際の「サイズ」を調べることもできます。

上記以外に関しては、特に大きな違いはないです。

「64bitプログラム」のほうが、当然、「仮想メモリ空間」が拡大されるので、「プログラム」上で確保できる「メモリ」が増える、というメリットはあります。

■「プログラミング」のポイント

「long」と「ポインタ」の「サイズ」が「2倍」になるからと言っても、もともと、「32bit」向けの「プログラム」があった場合、「64bit」向けに「コンパイル」し直すだけでよいとされています。

つまり、「プログラム」の「改修」は不要であり、「テスト」だけ行なえばいいことになります。

しかし、ここには「落とし穴」があって、これは、「プログラム」が「long」と「ポインタ」の「サイズ」を意識した「設計」がなされている場合に限ります。

現実問題としては、そのような「設計」が完璧に行なわれていることはないので、「ソース・コード」の「チェック」は必要です。

189

第●章 32bitと64bitの違い

　　　　　　　　　　　　　　　　＊

　「long」や「ポインタ」が「4バイト」である、と仮定した作りになっていると
ころがあるかもしれません。

　また、「構造体」の「メンバー」に「long」や「ポインタ」が使われていることで、
「構造体」の「サイズ」が大きくなり、それによって「処理」に「不整合」が生じる
かもしれません。

　　　　　　　　　　　　　　　　＊

　「ソフトウェア」上は問題がなくても、「ハードウェア」の「動作」に影響が出
ることもあります。

　「デバイス・ドライバ」でよくあるのが、「DMA転送」です。
　「ポインタ」が「8バイト」になることで、「4GB」を超える「アドレス」が返っ
てくることがあるわけです。
　これは、「ハードウェア」の「DMA転送」が「4GB」超えに対応していないと、
「転送」がうまく行きません。

　「開発者」としては、「long」と「ポインタ」が「8バイト」になることで、どこ
にどんな影響が出るのかといったことを検証しながら、「ソース・コード」を
「チェック」していく必要があります。

[6-2] 「32bit」と「64bit」での変化点

6-2 「32bit」と「64bit」での変化点

■ 「long」と「long long」

「64bit環境」では「long」が「8バイト」になるため、もはや「long long」を使う必要はなくなります。

もともと、「long long」は「32bit環境」で、「8バイト」の「データ」を扱うために作られた「データ型」だからです。

「64bit環境」では「long long」を使うことはできますが、「アセンブラ・レベル」は「long」と同じ「演算」になります。

「C言語」の「ソース・コード」上では、「long」と「long long」は別の「型」なので、「printf」の「書式指定」などを使い分ける必要はあります。

[long/ex1_long.c]

```
#include <stdio.h>

int main(void)
{
    long l = 123;
    l++;
    printf( "%ld¥n" , l);

    long long ll = 384;
    ll++;
    printf( "%lld¥n" , ll);

    return 0;
}
```

「C言語」の「ソース・コード」から「アセンブラ」の「コード」を得るには、「-S」オプションを付けます。すると、「拡張子.s」の「ファイル」が「生成」されます。

さらに「-g」も付けておくと、より詳細な情報が含まれます。

191

第6章 32bitと64bitの違い

```
実行結果
```
. . . .
```
# cc -S -g ex1_long.c
# ls ex1_long.s
ex1_long.s
```

　下記は、「32bit」で「コンパイル」したときの**「アセンブラ」の「コード」**です。

　「long long」は「4バイト演算」を2回行なうことで、「8バイト演算」を実現しているので、**「addl」と「adcl」**の2つの「命令」が実行されています。

[long/ex1_long_m32.s]

```
    .loc 1 8 7
    movl    $123, -12(%ebp)    ★1=123
    .loc 1 9 3
    addl    $1, -12(%ebp)      ★1に1を加算（4バイト）

    .loc 1 12 12
    movl    $384, -24(%ebp)    ★11=384
    movl    $0, -20(%ebp)
    .loc 1 13 4
    addl    $1, -24(%ebp)      ★11に1を加算（下位4バイト）
    adcl    $0, -20(%ebp)      ★11に1を加算（上位4バイト）
```

　下記は、「64bit」で「コンパイル」したときの、「アセンブラ」の「コード」です。

　「long」も「long long」も**「addq」**（「q」は「quad」で、「8バイト」の意味）命令で、共通です。

[long/ex1_long_m64.s]

```
    .loc 1 8 7
    movq    $123, -8(%rbp)     ★1=123
    .loc 1 9 3
    addq    $1, -8(%rbp)       ★1に1を加算（8バイト単位）

    .loc 1 12 12
```

192

[6-2] 「32bit」と「64bit」での変化点

```
    movq     $384, -16(%rbp)      ★11=384
    .loc 1 13 4
    addq     $1, -16(%rbp)        ★11に1を加算（8バイト単位）
```

■ 整数拡張

「整数演算」を行なう際に、「int」より小さい「型」は、自動的に「int」に**整数拡張**されます。

これを「整数拡張」（integer promotions）と言います。

この「整数拡張」の挙動が、「32bit」と「64bit」で異なることがあるので要注意です。

下記、「サンプル・コード」は「31ビット左シフト」した結果を「変数」に「格納」するだけのものですが、「32bit」と「64bit」で「実行結果」が異なります。

[misc/ex1_shift.c]

```c
#include <stdio.h>

int main(void)
{
    unsigned int ival;
    unsigned long val;

    ival = 1 << 31;
    printf( "%u %x¥n" , ival, ival);

    val = 1 << 31;
    printf( "%lu %lx¥n" , val, val);

    val = (unsigned long)1 << 31;
    printf( "%lu %lx¥n" , val, val);

    return 0;
}
```

「64bit」で「コンパイル」した場合に、「ビット・シフト」の結果を、そのまま

193

第6章	32bitと64bitの違い

「unsigned long変数」に代入している箇所で、「MSB」が「64bit」目まで伸びてしまっています(ffffffff80000000)。

実行結果

```
# cc -m32 ex1_shift.c && ./a.out
2147483648  80000000
2147483648  80000000
2147483648  80000000

# cc -m64 ex1_shift.c && ./a.out
2147483648  80000000
18446744071562067968  ffffffff80000000
2147483648  80000000
```

これは、「1 << 31」が「int」として計算されているのが原因です。

「計算結果」が「符号あり整数」(signed int)になるため、そのまま「unsigned long」(8バイト)に代入すると、「MSB」が「64bit」目まで連続してしまうのです。

この現象は、「32bit環境」では起きないので、「64bit環境」で「int」と「long」の大きさが異なることが、「発生条件」です。

*

「整数拡張」は暗黙のうちに行なわれるので、問題点に気づきにくいです。

「コンパイル・オプション」に「**-Wconversion**」を付けると、暗黙の「型変換」に対して、「警告」を「出力」することができます。

この「警告」は、「-Wall」では出ません。

実行結果

```
# cc -Wconversion ex1_shift.c
ex1_shift.c: 関数 'main' 内:
ex1_shift.c:14:9: 警告: unsigned conversion from 'int' to
'unsigned int'
changes value from '-2147483648' to '2147483648' [-Wsign-
```

194

[6-2] 「32bit」と「64bit」での変化点

```
conversion]
  ival = 1 << 31;
         ^
ex1_shift.c:17:8: 警告: unsigned conversion from 'int' to
'long unsigned int'
changes value from '-2147483648' to '18446744071562067968'
 [-Wsign-conversion]
  val = 1 << 31;
         ^
```

■「ポインタ」の「サイズ」

「64bit環境」では、「ポインタ」の「サイズ」が「8バイト」に増えます。

「ポインタ」を持ち回るときに、「整数型変数」に「格納」している場合には、「変数」の「サイズ」が「8バイト」で足りているか、確認が必要です(サンプルコード ex2_pointer.c参照)。

*

また、「C言語」では「**NULL**」は「ポインタ」として「定義」されているので、「サイズ」も「8バイト」になります。

> ※「可変長引数」で「NULL」を期待しているところに「ゼロ」(0)を「指定」すると、呼び出し先の「関数」で「可変長引数」を「取得」する際に問題となることがあります(サンプル・コードex4_null.c参照)。

[bits/libio.h]

```
#ifndef NULL
# if defined __GNUG__ && ¥
    (__GNUC__ > 2 || (__GNUC__ == 2 && __GNUC_MINOR__ >= 8))
#  define NULL (__null)      ★C++
# else
#  if !defined(__cplusplus)
#   define NULL ((void*)0)   ★C言語はこちら
#  else
#   define NULL (0)          ★C++
#  endif
# endif
#endif
```

第**6**章　**32bitと64bitの違い**

6-3　「算術型」変換

■ 異なる「データ型」の比較

以下の「プログラム」では、「unsigned int」と「long」の、変数の大小比較を行なっていますが、「32bit」と「64bit」で「実行結果」が異なります。

[misc/ex3_comp.c]

```c
#include <stdio.h>

int main(void)
{
    unsigned int n = 256;
    long l = -1;

    if (n > l) {
        printf( "%u > %ld¥n" , n, l);
    } else {
        printf( "%u <= %ld¥n" , n, l);
    }
    return 0;
}
```

実行結果

```
# cc -m32 ex3_comp.c && ./a.out
256 <= -1
# cc ex3_comp.c && ./a.out
256 > -1
```

この現象を理解するには、「C言語」の「**算術型変換**」を知る必要があります。

この「算術型変換」については、「ANSI C規格書」の「**6.3.1.8 Usual arithmetic conversions**」で説明されています。

＊

「整数型」の「ランク」は「**6.3.1.1 Boolean, characters, and integers**」で

196

[6-3] 「算術型」変換

「_Bool < char < short < int < long < long long」と決められています。

*

以下で「**オペランド**」というのは、「演算対象」となる「変数」のことです。

If both operands have the same type, then no further conversion is needed.

↓ (拙訳)

(1)両方の「オペランド」が同じ「型」の場合は、「算術型変換」は不要となる。

Otherwise, if both operands have signed integer types or both have unsigned integer types, the operand with the type of lesser integer conversion rank is converted to the type of the operand with greater rank.

↓ (拙訳)

(2)さもなくば、両方の「オペランド」が「signed型」か「unsigned型」であるならば、「ランクが低い型」が、「ランクの高い型」に「変換」される。

Otherwise, if the operand that has unsigned integer type has rank greater or equal to the rank of the type of the other operand, then the operand with signed integer type is converted to the type of the operand with unsigned integer type.

↓ (拙訳)

(3)さもなくば、「unsigned型オペランド」の「ランク」が「signed型オペランド」の「ランク」と同じか高い場合、「signed型オペランド」は「unsigned型」に「変換」される。

Otherwise, if the type of the operand with signed integer type can represent all of the values of the type of the operand with unsigned integer type, then the operand with unsigned integer type is converted to the type of the operand with signed integer type.

↓ (拙訳)

(4)さもなくば、「signed型オペランド」が「unsigned型オペランド」のすべての「値」を表現できる場合(signedのビット数が多い場合)、「unsigned型オペランド」は「signed型」に「変換」される。

197

第❻章　32bitと64bitの違い

Otherwise, both operands are converted to the unsigned integer type corresponding to the type of the operand with signed integer type.
↓ (拙訳)
(5) さもなくば、両方の「オペランド」を「signed型オペランド」の「型」に対応する、「unsigned型」に「変換」する。

＊

上記の「ルール」に沿って、「サンプル・コード」の動きを追ってみます。

「32bit」の場合、「unsigned int」も「long」も「4バイト」の大きさになります。

しかし「long」は「符号あり」なので、実質表現できる「ビット数」は「31」であり (MSBビットが必要だから)「32ビットすべてを表現できるわけではない」というのがポイントです。

(1)→「型」が違うのでパス
(2)→「符号」が違うのでパス
(3)→「unsigned int」の「ランク」は「long」より低いのでパス
(4)→「long」(31bit) では「unsigned int」(32bit) をすべて表現できないのでパス
(5)→両方を「unsigned long」に変換する。
　　　「変数n」は「256」、「変数l」は「4294967295」になり、後者が大きくなる。

「64bit」の場合、「long」が「8バイト」の大きさになるので、実質表現できる「ビット数」は「63」であり、「32ビットすべてを表現できること」がポイントです。

(1)→「型」が違うのでパス
(2)→「符号」が違うのでパス
(3)→「unsigned int」の「ランク」は「long」より低いのでパス
(4)→「long」(63bit) では「unsigned int」(32bit) をすべて表現できるので、「変数n」を「long」に変換する。
　　　「変数l」は「-1」のままであるため、「変数n」の「256」より小さくなる。
(5)→この「ルール」は適用されない。

6-4 「定義ずみ」データ型

[6-4] 「定義ずみ」データ型

■ 6-4の概要

「標準ライブラリ」には「typedef」された「データ型」がありますが、「32bit」
と「64bit」で「定義」の内容が変わる場合があります。

*

代表的な「定義ずみデータ型」の違いについて、下表に示します。

[定義ずみデータ型の違い]

データ型	32bit環境	64bit環境
time_t	long(*1)	long
ssize_t	int	long
size_t(*2)	unsigned int	unsigned long
off_t	long(*3)	long
dev_t	unsigned long long	unsigned long
uid_t	unsigned int	unsigned long
gid_t	unsigned int	unsigned long
ino_t	unsigned long(*4)	unsigned long
mode_t	unsigned int	unsigned int
nlink_t	unsigned int	unsigned long
pid_t	int	int
fsid_t(*5)	構造体	構造体
clock_t	long	long
rlim_t(*6)	unsigned long(*4)	unsigned long
id_t	unsigned int	unsigned int
useconds_t	unsigned int	unsigned int
suseconds_t	long	long
key_t(*7)	int	int

> (*1)「time_t」は2038年で「オーバー・フロー」する(2038年問題)。
> (*2)「size_t」は「無符号」であり、「負数」は扱えない。
> (*3)「マクロ定義」(_FILE_OFFSET_BITS=64)で「long long」になる。
> (*4)「マクロ定義」(_FILE_OFFSET_BITS=64)で「unsigned long long」になる。
> (*5)「statfs関数」で使う「型」で、「int型配列」(8バイト)を持つ「構造体」。
> (*6)「getrlimit関数」や「setrlimit関数」で使う「型」。
> (*7)「セマフォ」などの「IPCキー」の「型」。

第6章　32bitと64bitの違い

■ 2038年問題

「日時分秒」で表現される「時刻」は、プログラム上では"1970年1月1日から"の、「経過秒数」で管理します。

これは、「time関数」で返す「値」になります。

「関数」の「返り値」は、「time_t」で「long」として「typedef」されているため、「32bit環境」では「経過秒数」は、「31bit」ぶんしか扱えません。

つまり、「2038年になるとオーバー・フロー」してしまうのです。
これを「**2038年問題**」と言います。

＊

「64bit環境」では、「long」は「63bitぶん分扱えるので問題とはならないですが、「32bit環境」は「組み込み機器」も含めると、まだ現役であるため、「開発者」としては気にしておく必要があります。

[misc/ex5_time.c]

```
time_t now = time(NULL);
printf( "sizeof(time_t) %d (%d sec)¥n" , sizeof(time_t), now);
```

■ sizeof演算子

「データ型」の「サイズ」を知りたいときには、「sizeof演算子」を使って調べるのが効率的です(サンプルコード ex6_sizeof.c 参照)。

「/usr/include」配下を丹念に見ていくことでも調べられますが、「マクロ」の「定義」が複雑であり、確証を得るには、実際に動かしてみることになるからです。

＊

たとえば、「ssize_t」の「定義」を探していくと、下記のようになり、最後に「int」か「long int」に決まります。

[6-4] 「定義ずみ」データ型

<stdio.h>

```
typedef __ssize_t ssize_t;
```

↓

<bits/types.h>

```
__STD_TYPE __SSIZE_T_TYPE __ssize_t;
```

↓

<bits/typesizes.h>

```
#define __SSIZE_T_TYPE          __SWORD_TYPE
```

↓

<bits/types.h>

```
#if __WORDSIZE == 32
# define __SWORD_TYPE          int
#elif __WORDSIZE == 64
# define __SWORD_TYPE          long int
```

*

「__WORDSIZE」という「マクロ」が出てきますが、下記のように「定義」され
ています。

[bits/wordsize.h]

```
#if defined __x86_64__ && !defined __ILP32__
# define __WORDSIZE 64
#else
# define __WORDSIZE 32
#endif
```

*

「__x86_64__」と「__ILP32__」の「マクロ」は「ヘッダ・ファイル」のどこかに
「定義」されているのではなく、「gcc」によって「定義」されている「マクロ」にな
ります。

「gcc」による「定義ずみマクロ」は、下記「コマンド」で調べることができます。
「gcc」の「マニュアル」には記載されていません。

201

第●章　32bitと64bitの違い

実行結果

```
↓64bitコンパイルの場合
# gcc -dM -E - < /dev/null
# gcc -dM -E - < /dev/null | grep x86
#define __x86_64 1
#define __x86_64__ 1

↓32bitコンパイルの場合
# gcc -m32 -dM -E - < /dev/null
```

■「size_t」と「ssize_t」

　「size_t」と「ssize_t」という「型」は、「ファイル」を「読み書き」する際などに使われるもので、定番の「データ型」です。

[man 3 fread]
```
size_t fread(void *ptr, size_t size, size_t nmemb, FILE
*stream);
```

[man 2 read]
```
ssize_t read(int fd, void *buf, size_t count);
```

　「fread関数」の「返り値」は「size_t」(無符号)で、「read関数」の「返り値」は「ssize_t」(符号あり)となって、異なるので、注意が必要です。

　そして、これらの「型」は「32bit」と「64bit」で変わるので、さらに注意が必要です。

＊

　「32bit環境」では「size_t」は「unsigned int」です。

　もしも、「関数」の「返り値」を「unsigned int変数」に設定していると、「64bit環境」にした場合に「返り値」が「unsigned long」になり、全データ(4GBを超えるような)を「格納」できなくなります。

202

[6-4] 「定義ずみ」データ型

　実際に、「関数」が「4GB」を超える「値」を"返さない"ことが分かっていれば、問題とはならないですが、「コンパイル」時に無用な「警告」が出ることになります。

　「警告」を「抑止」するためには、「返り値」を「unsigned int」に「キャスト」するといった「改修」が必要になります。

[misc/ex7_fread.c]

```c
#include <stdio.h>
#include <unistd.h>
#include <sys/types.h>

int main(void)
{
    FILE *fp;
    char buf[256];
    // 正しくはsize_tを使う
    //size_t ret;
    // size_tをintに決め打ちするのはよくない
    int ret;

    fp = fopen(__FILE__, "r");
    if (fp != NULL) {
        // 返り値がsize_tである
        ret = fread(buf, 1, sizeof(buf), fp);
        printf("%lu¥n", ret);
        fclose(fp);
    }

    return 0;
}
```

　上記の「サンプル・コード」では、意図的に「fread関数」の「返り値」を「int型変数」に設定しています。

　「コンパイル・オプション」によって、「警告」の内容が変わってきます。

203

第6章　32bitと64bitの違い

実行結果

```
↓未指定だと警告なし。
# cc ex7_fread.c

↓-Wall指定だとprintfの書式指定だけが警告される。
# cc -Wall ex7_fread.c
ex7_fread.c: 関数 ‘main’ 内:
ex7_fread.c:23:13: 警告: 書式 ‘%lu’ は引数の型が ‘long unsigned int’
であると予期されますが 、第 2 引数の型は ‘int’ です [-Wformat=]
    printf("%lu¥n", ret);
            ~~^         ~~~
            %u

↓-Wconversionだと返り値と代入変数が合ってないことが警告される。
# cc -Wconversion ex7_fread.c
ex7_fread.c: 関数 ‘main’ 内:
ex7_fread.c:22:9: 警告: conversion from ‘size_t’ {aka ‘long
unsigned int’ }
to ‘int’ may change value [-Wconversion]
    ret = fread(buf, 1, sizeof(buf), fp);
```

■ ファイル・オフセット

　「標準ライブラリ」の「関数」の「引数」の「型」に「off_t」という「typedef」があり
ますが、本節では具体的に取り上げて説明します。

＊

　例として、「mmap関数」の「仕様」を挙げます。

＊

　「関数」の「第6引数」に「off_t型」の「offset引数」があります。

　「off_t」は「long」として「定義」されているので、「64bit環境」では、「offset
引数」に「64bit」の「値」を渡すことができます。

[6-4] 「定義ずみ」データ型

[man 2 mmap]

```
void *mmap(void *addr, size_t length, int prot, int flags,
           int fd, off_t offset);
```

問題は、「32bit環境」です。

＊

「コンパイル」の仕方により、「off_t」の「定義」内容が変わってきます。

デフォルトだと「long」なので「32bit」ですが、「_FILE_OFFSET_BITS」という「マクロ」を「定義」すると「long long」になり、「64bit幅」をもちます。

つまり、「32bit環境」で「64bit幅」の「offset引数」を扱いたい場合は、当該「マクロ」を「定義」すればいいことになります。

また、「**64bit環境**」においては、当該「**マクロ**」の「**定義**」は、意味をもちません。

[マクロの定義]

OS環境	_FILE_OFFSET_BITS	off_tの定義内容
32bit	未定義	long
32bit	定義あり	long long
64bit	未定義	long
64bit	定義あり	long

＊

以下に、「サンプル・コード」を示します(一部抜粋)。

「mmap関数」を「呼び出し」に関しては、「off_t」が「long long」になる場合は、「8バイト」の「データ」の受け渡しができるように、「glibc内部関数」が切り替わるようになっています。

[off_t/mmap.c]

```
#include <stdio.h>
#include <stdlib.h>
#include <fcntl.h>
```

第6章　32bitと64bitの違い

```c
#include <unistd.h>
#include <sys/types.h>
#include <sys/stat.h>
#include <sys/mman.h>

#define DEVNAME "/dev/mem"

int main(void)
{
    int fd, i, ret;
    unsigned char *ptr;
    size_t len = 256;
    off_t offset = 0;

    printf( "sizeof(off_t) %u¥n" , (unsigned int)sizeof(off_t));
#ifdef _FILE_OFFSET_BITS
    printf( "_FILE_OFFSET_BITS %d¥n" , _FILE_OFFSET_BITS);
#endif

    fd = open(DEVNAME, O_RDONLY);
    ptr = mmap(0, len, PROT_READ, MAP_SHARED, fd, offset);
    for (i = 0 ; i < 8 ; i++) {
        printf( "%02x ", ptr[i]);
    }
    printf( "¥n" );
    ret = munmap(ptr, len);
    close(fd);
    return 0;
}
```

実行結果

```
↓64bitコンパイルの場合
# cc -Wall mmap.c
# nm a.out | grep mmap
                 U mmap@@GLIBC_2.2.5
# sudo ./a.out
sizeof(off_t) 8
00 00 00 00 00 00 00 00

↓32bitコンパイルの場合
```

206

[6-4] 「定義ずみ」データ型

```
# cc -Wall -m32 mmap.c
# nm a.out | grep mmap
         U mmap@@GLIBC_2.0
# sudo ./a.out
sizeof(off_t) 4
00 00 00 00 00 00 00 00

↓32bitコンパイルの場合(マクロ定義あり)
# cc -Wall -D_FILE_OFFSET_BITS=64 -m32 mmap.c
# nm a.out | grep mmap
         U mmap64@@GLIBC_2.1   ★リンク関数が違う
# sudo ./a.out
sizeof(off_t) 8     ★8バイトになっている
_FILE_OFFSET_BITS 64
00 00 00 00 00 00 00 00
```

*

「mmap関数」とは別に、「stat関数」のように、「引数」の「構造体」の「メンバー」が変換するものもあります。

具体的には、「第2引数」の「stat構造体」のことです。

[man 2 stat]

int stat(**const char** *pathname, **struct** stat *statbuf);

「_FILE_OFFSET_BITSマクロ」を「定義」すると、「st_ino」と「st_size」の「データ型」が、「64bit化」されます(サンプル・コード stat.c参照)。

[bits/stat.h]

```
struct stat {
    dev_t     st_dev;
    ino_t     st_ino;      ★ino64_tに切り替わる
    mode_t    st_mode;
    nlink_t   st_nlink;
    uid_t     st_uid;
    gid_t     st_gid;
    dev_t     st_rdev;
    off_t     st_size;     ★off64_tに切り替わる
    blksize_t st_blksize;
    blkcnt_t  st_blocks;
```

第6章　32bitと64bitの違い

```
    struct timespec st_atim;
    struct timespec st_mtim;
    struct timespec st_ctim;
};
```

6-5　IOCTLシステム・コール

■概要

本節では、「IOCTLシステム・コール」を使う上で、「32bit」と「64bit」での注意事項について説明します。

「IOCTL」(I/O control)というのは、「システム・コール」の1つで、「manページ」を見ると、下記に示す**「関数仕様」**となっています。

[man ioctl]

```
SYNOPSIS
       #include <sys/ioctl.h>

       int ioctl(int fd, unsigned long request, ...);
```

「第1引数」に「ファイル・ディスクリプタ」の指定で、**「第2引数」**以降が**「可変長引数」**になっています。

*

「manページ」には詳細な説明は記載されておらず、**「ioctl関数」**の用途も分かりにくいです。

これは、「ユーザー空間」の「アプリケーション・プログラム」(プロセス)が、「カーネル空間」にある「デバイス・ドライバ」の「機能」を呼び出すために使われます。

つまり、「ioctl関数」の使い方は、「デバイス・ドライバごとによってまったく異なる」ということであり、「manページ」には「デバイス・ドライバ」の「仕様」までは書いていない、ということになります。

*

[6-5] IOCTL システム・コール

　具体的な「コード」のイメージとしては、「構造体」を用意して、「デバイス・ファイル」を「オープン」し、「ioctl関数」を呼び出して、最後に「デバイス・ファイル」を「クローズ」します。

```
[IOCTLの使用イメージ]
#define CMDSET _IOW('d', 1, struct ioctl_cmd)
    struct ioctl_cmd {
        unsigned long offset;
        unsigned int val;
    };
    struct ioctl_cmd cmd;

    fd = open("/dev/devone0", O_RDWR);
    ret = ioctl(fd, CMDSET, &cmd);
    close(fd);
```

■「IOCTL」の「落とし穴」

　「IOCTL」で気をつけないといけないのは、「ユーザー空間」と「カーネル空間」の間で「データの受け渡しをしている」ということです。

　そして、「**ユーザー空間**」と「**カーネル空間**」の「**プログラム**」の「**ビット数**」が変わると、**問題が発生する可能性**が出てきます。

[ユーザー空間とカーネル空間で問題有無]

ユーザー空間	カーネル空間	問題有無
32bit	32bit	なし
64bit	32bit	[*1]
32bit	64bit	あり
64bit	64bit	なし

[*1] この組み合わせは現実的にあり得ない

　問題となる可能性がある組み合わせは、"「64bitカーネル」で「32bitアプリケーション・プログラム」を「動作」させる"ときです。

　なぜならば、受け渡しに使う「データ構造」が「32bit」と「64bit」で大きさが

第○章　32bitと64bitの違い

変わるかもしれないからです。

＊

たとえば、以下に示す「構造体」を「データ」の受け渡しに使っていたとしたら、問題となります。

```c
struct ioctl_cmd {
    unsigned long offset;
    unsigned int val;
};
```

なぜなら、「unsigned long」の「サイズ」が「32bit」と「64bit」で異なるからです。

＊

「32bit」では「unsigned long」が「4バイト」なので、「構造体」の「サイズ」は「8バイト」です。

「64bit」では「8バイト」になるため、「構造体」は「val変数」の後ろに「**パディング**」(4バイト)が挟まり、「16バイト」の「サイズ」になります。

これによって、「変数val」の「オフセット」も変わり、「32bit」では「4バイト目」からだったのが、、「64bit」では「8バイト目」からになります。

「カーネル空間」は「64bit固定」です。

「構造体」の「サイズ」は「16バイト」と認識しているため、「ユーザー空間」から「8バイト」の大きさで渡されても、正しく扱えないのです。

■ 「IOCTL」の「32bit」対応

「Linuxカーネル」では、「64bitカーネル」で「32bitアプリケーション・プログラム」を「動作」させるようにするための、「仕組み」が用意されています。

「make menuconfig」での「**カーネル・コンフィグレーション**」では、

210

[6-5] IOCTL システム・コール

```
Executable file formats / Emulations  --->
[*] IA32 Emulation
```

であり、「Fedora」ではデフォルトで「有効」になっています。

これにより、「CONFIG_IA32_EMULATION」という「定義」が「有効」になり、それに合わせて「CONFIG_COMPAT」という「定義」も「有効」になります。

> ※なお、「ARM64アーキテクチャ」でも「CONFIG_COMPAT」という「定義」が用意されているので、「64bit ARMカーネル」でも同じ仕組みが使えます。

*

この「CONFIG_COMPAT」が「有効」になることで、「IOCTL」の「32bit対応」も可能となります。

通常、「ioctl関数」を使うには「sys_ioctlシステム・コール」を利用するのですが、「32bitアプリケーション・プログラム」向けに、別の「システム・コール」(compat_sys_ioctl)を用意して、「glibc」で切り替えるのです。

*

この様子を、下図に示します。

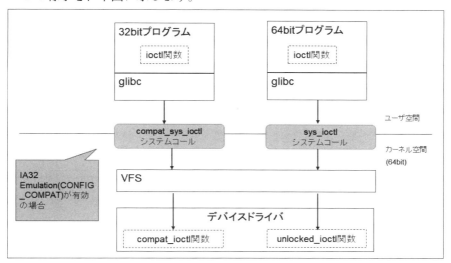

[32bit & 64bit対応IOCTLのしくみ]

第6章　32bitと64bitの違い

このようにすることで、「ユーザー空間」から「カーネル空間」に受け渡す「データ構造」が、「32bit」と「64bit」で異なっていても問題ありません。

＊

実際に、「サンプル・コード」で確認してみます。

＊

まず、「Fedora」の「カーネル」が「CONFIG_COMPAT」を「定義」しているかを確認します。

実行結果

```
# grep -n "¥<CONFIG_COMPAT¥>" /boot/config-4.16.3-301.fc28.x86_64
949:CONFIG_COMPAT=y
```

次に、「構造体」を「32bit」と「64bit」向けに用意します。

ここでは「ioctl_cmd32」と「ioctl_cmd」を「定義」しました。

「ioctl関数」の「第2引数」に指定する「コマンド」も、「**IOCTL_VALSET32**」と「**IOCTL_VALSET**」の2つ用意します。

[driver/devone_ioctl.h]

```
/* for 64bit User */
struct ioctl_cmd {
    unsigned long offset;  // 8byte
    unsigned int val;
};

/* for 32bit User */
struct ioctl_cmd32 {
    unsigned int offset;  // 4byte
    unsigned int val;
};

#define IOC_MAGIC 'd'

#define IOCTL_VALSET _IOW(IOC_MAGIC, 1, struct ioctl_cmd)
#define IOCTL_VALSET32 _IOW(IOC_MAGIC, 1, struct ioctl_cmd32)
```

[6-5] IOCTL システム・コール

*

「アプリケーション・プログラム」は、前述の「構造体」を使って「ioctl関数」を呼ぶだけです。

「コンパイル」が「32bit」か「64bit」のいずれで行なわれているかを判断したい場合は、「__LP64__」という「定義ずみマクロ」を使います。

これは、「gcc」が「定義」するもので、「64bitコンパイル」の場合に「定義」されます。

「デバイス・ファイル」は「/dev/devone0」で、後述する「ドライバ」で作ります。

[driver/app.c]

```
#include "devone_ioctl.h"

#define DEVFILE "/dev/devone0"

int main(void)
{
#ifdef __LP64__
    struct ioctl_cmd cmd;
    #define CMDSET IOCTL_VALSET
#else
    struct ioctl_cmd32 cmd;
    #define CMDSET IOCTL_VALSET32
#endif
    int ret;
    int fd;

    fd = open(DEVFILE, O_RDWR);
    memset(&cmd, 0, sizeof(cmd));
    cmd.val = 0xCC;
    ret = ioctl(fd, CMDSET, &cmd);
    close(fd);

    return 0;
}
```

213

第6章　32bitと64bitの違い

「アプリケーション・プログラム」を「32bit」向けに「コンパイル」するには、「**-m32**」オプションを「付与」します。

「fileコマンド」を使うと、「バイナリ」の「bit数」が分かります。

> ※なお、「GNU/Linux 3.2.0」が「カーネル4.16.3」になっていないのは問題なく、「glibc」が「3.2.0向けにビルドされた」ことを表わし、「上位互換」があります。

実行結果

```
# cc -Wall app.c -o app
# file app
app: ELF 64-bit LSB executable, x86-64, version 1 (SYSV),
dynamically linked,
interpreter /lib64/ld-linux-x86-64.so.2, for GNU/Linux 3.2.0,
BuildID[sha1]=70e35992e3ebd92c458943b34c58b8ac23fad330, not
stripped
# cc -Wall -m32 app.c -o app32
# file app32
app32: ELF 32-bit LSB executable, Intel 80386, version 1
(SYSV),
dynamically linked, interpreter /lib/ld-linux.so.2, for
GNU/Linux 3.2.0,
BuildID[sha1]=e4f89efed132ffcd240e488a7ad43d9782476a67,
not stripped
```

*

「デバイス・ドライバ」は、「キャラクタ型ドライバ」として「カーネル・モジュール」で作ります。

「IOCTLシステム・コール」の「呼び出し」の確認を行なうだけなので、簡素に実装しています。

「ドライバ名」は「**devone**」、「デバイス・ファイル名」は「**devone0**」としました。

*

[6-5] IOCTL システム・コール

以下、「IOCTL」の「処理」を抜粋します。

[driver/devone.c]

```
/*
 * 64bitユーザプロセス向けのIOCTL
 */
static long devone_ioctl(struct file *filp,
                    unsigned int cmd, unsigned long arg)
{
    int retval = 0;
    struct ioctl_cmd data;

    memset(&data, 0, sizeof(data));
    switch (cmd) {
        case IOCTL_VALSET:
            if ( copy_from_user(&data, (int __user *)arg,
 sizeof(data)) ) {
                retval = -EFAULT;
                goto done;
            }
            printk("IOCTL_cmd .offset 0x%lx .val 0x%x (%s)¥n",
                    data.offset, data.val, __func__);
            break;
    }
done:
    return (retval);
}

/*
 * 32bitユーザプロセス向けのIOCTL
 */
static long devone_compat_ioctl(struct file *filp,
                    unsigned int cmd, unsigned long arg)
{
    int retval = 0;
    struct ioctl_cmd32 data;

    memset(&data, 0, sizeof(data));
    switch (cmd) {
        case IOCTL_VALSET32:
            if ( copy_from_user(&data, (int __user *)arg,
```

215

第6章　32bit と64bit の違い

```c
sizeof(data)) ) {
                retval = -EFAULT;
                goto done;
            }
            printk("IOCTL_cmd32 .offset 0x%x .val 0x%x (%s)\n",
                data.offset, data.val, __func__);
            break;
    }
done:
    return (retval);
}

/*
 * ドライバのハンドラ登録テーブル
 */
struct file_operations devone_fops = {
    .open = devone_open,
    .release = devone_close,
    .unlocked_ioctl = devone_ioctl,
#ifdef CONFIG_COMPAT
    .compat_ioctl = devone_compat_ioctl,
#endif
};
```

「ドライバ」の「**Makefile**」は、以下の通りです。

[Makefile]

```
# ドライバを構成するソースファイル
CFILES = devone.c
# ドライバ名
obj-m += sample.o
sample-objs := $(CFILES:.c=.o)

# ドライバのコンパイラオプションを追加したい場合は下記を指定する
EXTRA_CFLAGS +=

KERNELDIR := /lib/modules/$(shell uname -r)/build

# make -cオプションで再帰呼び出しする場合、
# $(PWD)では正しく動作しない(親ディレクトリを引き継ぐ)ため、
```

216

[6-5] IOCTL システム・コール

```
# $(shell pwd)か$(CURDIR)を使うこと。
#PWD := $(PWD)          # NG
#PWD := $(CURDIR)
PWD := $(shell pwd)

all:
    make -C $(KERNELDIR) M=$(PWD) modules

clean:
    make -C $(KERNELDIR) M=$(PWD) clean
```

＊

　それでは、「デバイス・ドライバ」を「ビルド」して、「カーネル・モジュール」として「カーネル」に組み込みます。

＊

　「ドライバ」や「カーネル」が「出力」する「メッセージ」は、「**ジャーナル・ログ**」に書き込まれます。

　「journalctl -fk」コマンドで「**カーネル・メッセージだけ**」を「tail」することができるので、作業中は常時「ログ」を監視しておくといいです。

実行結果
・・

```
# make clean;make
make -C /lib/modules/4.16.3-301.fc28.x86_64/build M=/home/
yutaka/src/driver  clean
make[1]: ディレクトリ '/usr/src/kernels/4.16.3-301.fc28.
x86_64' に入ります
make[1]: ディレクトリ '/usr/src/kernels/4.16.3-301.fc28.
x86_64' から出ます
make -C /lib/modules/4.16.3-301.fc28.x86_64/build M=/home/
yutaka/src/driver  modules
make[1]: ディレクトリ '/usr/src/kernels/4.16.3-301.fc28.
x86_64' に入ります
  CC [M]  /home/yutaka/src/driver/devone.o
  LD [M]  /home/yutaka/src/driver/sample.o
  Building modules, stage 2.
  MODPOST 1 modules
  CC       /home/yutaka/src/driver/sample.mod.o
  LD [M]  /home/yutaka/src/driver/sample.ko
```

217

第6章　32bit と64bit の違い

↪

```
make[1]: ディレクトリ '/usr/src/kernels/4.16.3-301.fc28.
x86_64' から出ます

# sudo /sbin/insmod ./sample.ko
```

実行結果

```
# sudo journalctl -fk
 7月 21 20:42:06 localhost.localdomain kernel: sample:
loading out-of-tree module taints kernel.
 7月 21 20:42:06 localhost.localdomain kernel: sample:
module verification failed:
                signature and/or required key missing -
tainting kernel
 7月 21 20:42:06 localhost.localdomain kernel: devone
driver(major 242) installed.
```

＊

　「デバイス・ドライバ」の組み込みが成功すると、**(a)**「「カーネル」から「ドライバ名」が見えていること」、**(b)**「「デバイス・ファイル」が作られていること」を確認しておきます。

＊

　「Fedora」では、「systemd」が「デバイス・ファイル」を「自動作成」するので、手動で「**mknod**」する必要はありません。

> ※なお、「ドライバ」の組み込み時、「認証エラー」(verification failed) が出ているのは、「カーネル・モジュール」が「セキュア・ブート」向けに「署名」されていないからです。

　ここでは「**セキュア・ブート**」を「無効」にして、「Fedora」を起動しているので、特に問題なく「ドライバ」を組み込むことができます。

218

[6-5] IOCTL システム・コール

> **実行結果**

. . . .

```
# lsmod
Module                    Size  Used by
sample                    16384  0

# cat /proc/devices
Character devices:
242 devone

# ls -l /dev/devone0
crw-rw-rw-. 1 root root 242, 0  7月 21 20:42 /dev/devone0
```

「アプリケーション・プログラム」を「実行」して、「IOCTL」を「発行」します。

> **実行結果**

. . . .

```
# ./app
sizeof(cmd)=16
# ./app32
sizeof(cmd)=8

# sudo journalctl -fk
 7月 21 21:03:52 localhost.localdomain kernel: devone_
ioctl: entered(cmd=40106401)
 7月 21 21:03:52 localhost.localdomain kernel: IOCTL_cmd
.offset 0x0 .val 0xcc (devone_ioctl)
 7月 21 21:03:52 localhost.localdomain kernel: devone_
ioctl: leaved(0)

 7月 21 21:03:53 localhost.localdomain kernel: devone_
compat_ioctl: entered(cmd=40086401)
 7月 21 21:03:53 localhost.localdomain kernel: IOCTL_cmd32
.offset 0x0 .val 0xcc (devone_compat_ioctl)
 7月 21 21:03:53 localhost.localdomain kernel: devone_
compat_ioctl: leaved(0)
```

作業が終わったら、「ドライバ」を取り外しておきます。

219

第❻章 32bitと64bitの違い

`実行結果`

```
# sudo rmmod sample
# sudo journalctl -fk
 7月 21 21:08:14 localhost.localdomain kernel: devone
 driver removed.
# lsmod | grep sample
# cat /proc/devices | grep devone
```

■「IOCTL」の「共通化」

　前述した方法では、「構造体」を「32bit」と「64bit」向けに「定義」する必要がありました。

　しかし、「32bit」と「64bit」それぞれで「コンパイル」しても「サイズ」が変わらないようにすれば、「定義」は1つですみます。

　「IOCTLコマンド」も「IOCTL_VALSET」の1つだけです。

[driver2/devone_ioctl.h]

```
/* for 32 & 64bit User */
struct ioctl_cmd {
#ifdef __LP64__
    unsigned long offset;  // 8byte
#else
    unsigned int offset;  // 4byte
    unsigned int pad1;
#endif
    unsigned int val;
    unsigned int pad2;
};


#define IOC_MAGIC 'd'

#define IOCTL_VALSET _IOW(IOC_MAGIC, 1, struct ioctl_cmd)
```

*

　「デバイス・ドライバ」の「関数定義」としては、「CONFIG_COMPAT」が「有

[6-5] IOCTL システム・コール

効」である以上、「compat_ioctl メンバ」の登録は必要ですが、「IOCTL関数」
は「共通化」できます。

[driver2/devone.c]

```
/*
 * ドライバのハンドラ登録テーブル
 */
struct file_operations devone_fops = {
    .open = devone_open,
    .release = devone_close,
    .unlocked_ioctl = devone_ioctl,
#ifdef CONFIG_COMPAT
    .compat_ioctl = devone_ioctl,
#endif
};
```

MEMO

第 7 章

「品質」の高い
コーディング

　7章では、「ソフトウェア開発」を行なう上で、「品質」をどのようにして「確保」していくか、さまざまな「手法」を紹介します。

第7章 「品質」の高いコーディング

7-1　ソフトウェアの「品質」

■ 7-1の概要

　本節では、「ソフトウェア開発」を行なう上で、「プログラム」の「品質」とは何か、「品質」を「確保」するためにどうすればいいかについて説明します。

■「ソフトウェア」の「品質」の定義

　「ソフトウェア」の「品質」とは、具体的に何を指し示すのでしょうか。
　「品質」の定義が「組織」や「人」によってさまざまなので、いろいろな「考え方」が存在します。

　そのため、世界共通で「品質」の「考え方」を統一するために、「**ISO**」という「国際機関」があります。

　「ISO」(International Organization for Standardization)は、「国際標準化機構」の意味です。

　「ISO」は「ルール」を「標準化」することが目的であり、「品質」に関連する「規格」としては、「ISO9000番代シリーズ」の「品質マネジメント・システム」(QMS)が該当します。

　企業として「ISO」の認証を取っているところも多く、「我が社の製品は品質に問題ありません」という「示し」に使えるからです。

　とはいえ、「組織」が「ISO」に加入しているからといっても、「ソフトウェア」の「品質」を「確保」するための手順がみんな同じかというと、そうではありません。

　「組織」ごとに「文化」があって、「独自ルール」になっているのが実態です。

224

[7-1] ソフトウェアの「品質」

■「ソフトウェア品質」の具体化

「**ソフトウェア**」の「**品質**」が「良い」「悪い」というのは、どういうことなのかについて、考えてみます。

＊

「ソフトウェア」の「動作」として、その挙動が「**直接ユーザーに見えるものと、そうでないもの**」に分類できます。

種　別	挙動がユーザーに見える
アプリケーション	あり。UI をもつため。
ライブラリ	なし
デバイスドライバ	なし
カーネル	なし

上表に示したように、「プログラム」が「ユーザー・インターフェイス」(**UI**) を「保持」するかどうかです。

「テキスト・エディタ」や「ブラウザ」などの「アプリケーション」は「UI」をもちますが、「アプリケーション」以外の「プログラム」は「UI」をもちません。

「プログラム」の「品質」について語るとき、「UI」に関しては真っ先に議論となります。

「ユーザー」が「プログラム」を使っていた場合、

> ・突然、「**プログラム**」が「**強制終了**」する
> ・「**プログラム**」が「**誤動作**」する
> ・「UI」の使い勝手がよくない
> ・「**プログラム**」の反応が遅い
> ・「**システム**」の「**リソース**」を消費しすぎている
> ・不要な「機能」が「無効化」できない

実にさまざまな意見が出てきます。

225

第1章 「品質」の高いコーディング

これらは、すべて「ユーザー」の不満です。

　　　　　　　　　　　　　　＊

逆に言えば、「直接「ユーザー」に見える部分」でもあり、「**「ユーザー」の生の声**がもらいやすい」ということでもあります。

そして、これらの不満がすべて「プログラムのバグ」かというと、そうではありません。

　　　　　　　　　　　　　　＊

「プログラムが強制終了した」からと言っても、原因が「システム」の「メモリ不足」であれば、「プログラム」の「バグ」とは言えません。

「プログラムの反応が遅い」からと言っても、他の「プログラム」が悪さをしていて遅くなっているように見えるだけかもしれません。

「ユーザー」にとって「**不要な機能が無効化できない**」という意見が出てきたとしても、実は「無効化できる設定があるのに、「ユーザー」がそれに気づいていないだけ」ということもあります。

　　　　　　　　　　　　　　＊

いずれにしても、「プログラム」の不具合ではないにしても、「ユーザー」の不満が爆発すると、製品の「売り上げ」や「信頼性」に悪影響が出てくるため、開発側としては慎重な対応が必要です。

■「UI」をもたない「ソフトウェア品質」

それでは、「UI」をもたない「プログラム」の「品質」についてどのように考えていけばいいでしょうか。

　　　　　　　　　　　　　　＊

「UI」がないから「品質」については無視していい、というわけではありません。

　　　　　　　　　　　　　　＊

順番に考えていきます。

まずは、「ライブラリ」です。

226

「ライブラリ」は「アプリケーション」に「リンク」され、「プログラム」の一部として「動作」します。

そのため、「動作」は直接見えないですが、「ライブラリ」が「誤動作」したことで、「アプリケーション」の「誤動作」につながるのであれば、「ライブラリ」の「品質問題」ということになります。

「ライブラリ」は、「アプリケーション」と一蓮托生である、と考える必要があります。

また、昨今は「**オープンソース・ソフトウェア**」を「業務利用」することも一般的になってきましたが、「**セキュリティ脆弱性**」が見つかった場合、かつ「業務影響」がある場合は「プログラム」の「更新」が必要となってきます。

「セキュリティ脆弱性」に関しても、「品質」を考える項目のひとつです。

*

次に、「カーネル空間」に目を向けてみて、「**デバイス・ドライバ**」の「**品質**」についてです。

「デバイス・ドライバ」は標準で「OS」に含まれていること、または「周辺機器」を取り付けたときに自動で「デバイス・ドライバ」が「インストール」されます。

そのため、「システム」を使っているときに「デバイス・ドライバ」が裏で動いていることを「ユーザー」は認識していないかもしれません。

しかしながら、「デバイス・ドライバ」には絶対なる「品質」が求められます。

つまり、「バグ」の１つも許されず、「**バグ・ゼロ**」である必要があります。

なぜならば、「デバイス・ドライバ」は「カーネル」と**一枚岩**であるため、「デバイス・ドライバ」が「誤動作」すると、「カーネル」の動作に悪影響を及ぼすからです。

第1章 「品質」の高いコーディング

「カーネル」全体の「動作」が遅くなることもあれば、**「カーネル・パニック」**して「OS」ごと落ちてしまうこともあります。

「デバイス・ドライバ」は「アプリ」のように、「ちょっと不具合があれば更新すればよい」という考え方が通用しないのです。

*

「Linux」では、**(a)**「デバイス・ドライバ」は「カーネルに直接リンクされるタイプ」(**静的リンク**)と、**(b)**「カーネル動作中に組み込むタイプ」(**動的リンク**)があります。

「動的リンク」のタイプを**「カーネル・モジュール」**と呼び、**「lsmodコマンド」**で動作中の「デバイス・ドライバ」の一覧が分かります。

しかし、「静的リンク」のタイプでは「カーネル」に直接「リンク」されているため、「デバイス・ドライバ」の一覧を把握することは困難です。

*

そもそも、「Linuxカーネル」は「デバイス・ドライバ」の塊です。

どこからどこまでが「カーネル」で、「デバイス・ドライバ」なのか、ということを知ることは難しい上に、そこまでの区別をすることにあまり意味はありません。

「デバイス・ドライバ」を「開発」するということは、「カーネル」を「開発」していることと同じなので、万全の「品質」に仕上げる必要がある、ということです。

*

「デバイス・ドライバ」も「カーネル」と「同レベルの品質」が必要だと考えると、「カーネル」の「品質」はと言うと、

- とにかく"落ちない"こと(「ハードウェア」の故障以外で)
- 「ユーザー操作」に支障がないこと
- 「システム性能」が落ちていないこと
- 「セキュリティ脆弱性」がないこと

などがあります。

228

【7-1】 ソフトウェアの「品質」

「OS」の動作中以外にも、「OSの起動時間が長すぎないこと」といった点も「品質項目」の1つとして見られる場合もあります。

「セキュリティ脆弱性」に関しては、新しい「脆弱性」が見つかった場合は、迅速に「カーネル」が「アップデート」されるかどうかもポイントになってきます。

いずれにしても、「デバイス・ドライバ」や「カーネル」には、「アプリケーション」とは違って、高い「品質」が求められます。

「開発者」は強い気持ちをもって、「開発」に従事する必要がある、と言えるでしょう。

■「品質確保」の仕方

「ソフトウェア開発」において「品質」を「確保」するためには、何をすればよいか、について考えてみます。

*

「開発」時における「品質」というものを具体化すると、

> ・「開発物件」で「バグ」が、何件「摘出」できたか

に尽きます。

「プログラムには必ずバグがある」とよく言われるように、すべての「バグ」を「製品」の「出荷」(リリース)までに取り除くのは不可能です。

それでも「バグ・ゼロ」にせよと言われることもあるので、「開発者」の辛いところではありますが、「開発物件にはもうバグがありません」「出荷に耐えうる品質になりました」と言う必要があります。

そのために使われる手法が、「**バグ曲線**」です。

*

「バグ曲線」は、「開発」開始前に「総摘出バグ数」(予想)を設定して、「開発」開始から終了までに「摘出」された「バグ数」を「グラフ」にしたものです。

第1章　「品質」の高いコーディング

＊

　下図は、「グラフ」の「横軸」を「日にち」にして、「縦軸」を「バグ数」にしていますが、「横軸」を「テスト数」にして描くケースもあります。

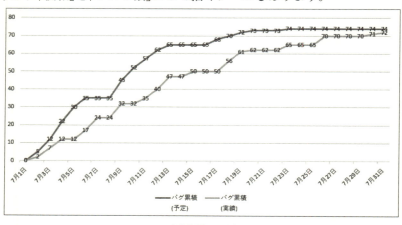

[バグ曲線（理想）]

　「開発」が進むにつれて、「摘出」される「バグ数」が減っていくので、「開発」終盤には、「グラフ」は横に寝た状態になると言われています。

　しかし、現実は、そう思惑通りにいかず、下記に示すような「グラフ」になることがあります。

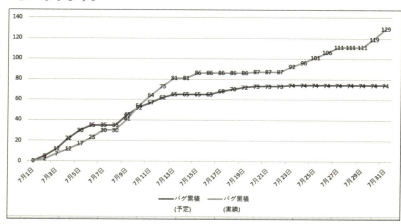

[バグ曲線（現実）]

[7-1] ソフトウェアの「品質」

この「グラフ」を見ると、「開発」が終了しているにも拘わらず、「摘出バグ」が「収束」しておらず、また想定よりも多くの「バグ」が出ていることを表わしています。

なぜ、こうなってしまうのかについては、**「開発プロセス」**と**「マネジメント」**について理解する必要があります。

■ 開発プロセス

「ソフトウェア」の「開発プロセス」としてはさまざまな「手法」が存在しますが、昔からある**「ウォーター・フォールモデル」**が定番です。

＊

最近は**「アジャイル開発」**も主流となってきていますが、「組み込み開発」では、「ウォーター・フォールモデル」を採用するのが一般的です。

なぜならば、「組み込み開発」では「ハードウェア」も「製造」するため、工程の「後戻り」ができないからです。

＊

「ハードウェア」の「製造」は、工場の「ライン」を稼働させるため、一度「設計」が完了すると、もう二度と「再設計」はできないのです。

なぜなら、工場の「ライン稼働」には莫大なお金が動くからです。

「組み込み開発」において、「ハードウェア」を「制御」する「ファームウェア」を作るにしても、先に「ハードウェア」が完成してしまいます。

そのため、「ファームウェア」の「開発」が遅れてもいい、というわけにもいきません。

さらに面倒なことに、「ハードウェア」は途中から直せなくなるので、もし「ハードウェア」の不具合が見つかった場合は、「ファームウェア」側で対処する必要もあり、「開発」日程が厳しい中で対応をしないといけないのが、「開発者」の辛いところです。

＊

231

第1章 「品質」の高いコーディング

　「ウォーター・フォールモデル」の「開発手法」が定番だからといっても、会社によって「ルール」が異なるので、やはり「文化」の違いがあるのですが、大筋は以下の通りです。

---

[1] 開発内容を工程ごとに分割する
[2] 工程ごとに品質確保して、次工程に進む。
[3] 原則、工程の後戻りはしない。

---

　[1] の「開発」内容の分割方法もさまざまですが、一般的には以下の通りです。

　番号を振った順番に「作業」を流していくので、その様が「滝」のようであるため、「ウォーター・フォール」と呼ばれる所以です。

　下表では、全部で10個ありますが、さらに「工程」が「分割」されたり、逆に複数の「工程」を１つにまとめたりする場合もあります。

[工程の分割内容]

番　号	開発工程	内　容
(1)	要件定義	ユーザーからの要求事項を定義する
(2)	基本設計	ユーザー見えの機能を設計する
(3)	詳細設計	プログラムの内部設計を行なう
(4)	製造	**コーディング**すること
(5)	単体テスト	プログラムを一行ずつテストする
(6)	結合テスト	**モジュール**との結合テストを行なう
(7)	機能テスト	プログラムの機能テストを行なう
(8)	運用テスト	運用を想定したテストを行なう
(9)	リリース	製品を出荷する
(10)	保守	製品の保守を行なう

　「要件定義」は、「ユーザー」（発注者）からの「要求事項」を「定義」し、「文書化」したものです。

　「開発工程」の「最上流工程」になり、「**元請け**」が作ります。
　「要件定義」は「最上流」です。

＊

「**基本設計**」は、「**機能設計**」と分割されることもありますが、前行程の「要件定義」を受けて、「ソフトウェア」の「機能定義」を行ないます。

「機能定義」は「ユーザーから見える」の「機能」であることを明確にします。

＊

「**組み込み系**」であれば、「ファームウェア」が「WEBコンソール」をサポートするのであれば、「WEB画面」の「設計」を行なうことになります。

また、「機器」に電源を入れてから「ファームウェア」が起動完了するまでの時間に関しても、"ユーザーから見える"機能」であるため、「時間規定」もこの工程で行ないます。

＊

さらに、「**ユーザー**」という視点以外にも、「**保守員**」が「保守」する視点で「保守機能」をサポートするのであれば、この工程で「設計」します。

＊

「**基本設計**」では、「エビデンス」として「**設計書**」を作りますが、同時に「機能テスト」で使う「機能テスト項目表」の作成も、この工程で行ないます。

もし、「テスト項目表」が作れないのだとすれば、それは「基本設計」ができていない、ということになります。

＊

「**詳細設計**」は、「プログラム」をどう「実装」するかという観点に着目して、「設計」を行ないます。

「設計書」に「ソース・コード」が登場するのは、この工程であり、「状態遷移図」や「アルゴリズム」「データ構造」「ログ採取」「プログラムの容量設計」など、「プログラミング」を行なう上で必要となることを決めます。

＊

「**製造**」は、「プログラミング」(コーディング)を行なうことです。

「製造」というと金物を作っているイメージがありますが、この工程で「ソース・コード」を作ります。

第1章　「品質」の高いコーディング

　また、「単体テスト」と「結合テスト」に使う「テスト項目表」の作成も合わせて行ないます。

＊

　「**製造工程**」以降からは、「**テスト**」に移行します。

　「プログラム」の「テスト」は一発「実機」で動かしておしまい、というわけではなく、作った「ソース・コード」を1つ1つ検証していく地道な作業です。

＊

　「単体テスト」というのは、作った「ソース・コード」を一行ずつ「テスト」していくことです。

　本来は異常時にしか通らない「パス」も、漏れなく通していきます。

　「**異常系**」の試験は、「**単体テスト**」工程でしか実施するチャンスがないので、ここで手抜きをせず、確実に「テスト」しておくことが重要です。

＊

　「**結合テスト**」は、「モジュール」同士を接続して、「モジュール」間の「連携」がうまくできているかを「テスト」します。

　具体的に言うと、「ライブラリ」を「リンク」して、「ライブラリ」の「関数」を呼び出して、期待した結果になるかを確認することになります。

　「単体テスト」と「結合テスト」は、「ソース・コード」を「参照」しながら「テスト」を行なうため、「**ホワイトボックス・テスト**」とも呼ばれます。

＊

　「**機能テスト**」は、「プログラム」を「実機」で「動作」させてみて、「仕様」通りに「機能」が動いているかを確認します。

　この「テスト」では、「ソース・コード」は「参照」しないため、「ブラックボックス・テスト」とも呼ばれます。

＊

　「**運用テスト**」は、「ユーザー」の「運用」を想定した大規模な「テスト」のことで、「機能テスト」とは区別されます。

「連続して何日間も機器を稼働させて**高負荷試験を行なう**」、「瞬停を想定した電源断試験を行なう」、「高温および低温試験を行なう」といったところです。

*

すべての「テスト」が終わり、「製品」の「品質」に問題がないことが確認できたら、客先に「**出荷**」となります。

この段階で「**開発**」は終了となります。

「出荷」後は、特に問題が発生しなければ何もありませんが、「「障害」が発生した場合」、「「機器」が故障した場合」などの対応があり、これらの作業のことを「**保守**」と言います。

■「品質」と「マネジメント」

「ソフトウェア開発」を「ウォーター・フォールモデル」で行なう場合、「開発」中に、順調に「バグ」を「摘出」し、「開発」終盤では「バグ」が枯れた状態にするのがゴール、となります。

しかし、ゴールに到達するのは容易なことではなく、チーム・ワークを結集しないといけません。

*

最初に大切なことが、「**要件定義**」です。

「要件定義」は「最上流」であるため、「開発」が始まっているにも拘わらず、「ユーザー」からの「要求事項」が変動するようであれば、「開発」が確実に計画通りに、進むことはできません。

そうならないように「要件定義」を決めておく必要があり、このことは絶対となります。

*

これは、「技術力」ではなく「**マネジメント力**」となります。

「マネジメント」が弱い(「ユーザー」と対等な立場が築けていない)と、「開発」中に「要件定義」が変動し、「設計」がやり直しになります。

235

最終的に、「ソフトウェア」の「品質」が安定せず、「開発プロジェクト」が炎上しがちです。

*

「開発プロセス」において「工程ごとに品質確保して、次工程に進む。」とあります。

これも重要なことですが、「プロジェクト」によっては軽視されがちです。

*

「開発」開始前に、全工程で「摘出」する**「予想バグ数」**を決めます。

次に、工程ごとに何件の「バグ」を「摘出」するかに「分割」します。

「開発」が始まり、1つの工程が終了する段階で、想定した「バグ」が出ているかを確認します。

*

「品質」に「問題なし」と判断できたら、次工程に進みます。

*

「設計」や「製造」工程では、「バグ」は「レビュー」で「摘出」します。

このとき、大切なことは**「適切な「レビュアー」を選定する」**ことで、**「レビュー」**で「バグ」を指摘できる人が誰もいないと、「品質」が安定しません。

そういった「人材」を「手配」するのは**「マネージャー」**の仕事ですが、「マネジメント」が弱いと、できる人が不在のチームになってしまいます。

特に、「製造」工程までは「上流工程」であり、いかに「上流工程」で「バグ」を「摘出」するかが重要です。

「設計」や「製造」の担当者が作りっぱなしで、「バグ」の「摘出」を他人任せにしていても「品質」は上がらないので、「セルフ・レビュー」を行なうことで、作った人も「バグ」を「摘出」していく必要があります。

*

「テスト」工程（下流工程）においては、大きく2つの観点があります。

[7-1]　ソフトウェアの「品質」

●1つは、「「実装コード」が期待通りに「動作」し、「要件」や「仕様」を満たしているか」を確認するということです。

●もう1つは、「「プログラム」の「バグ」を見つける」ということです。

「テスト」でしか見つけられない「バグ」もあること、「バグ」を見つけるのは、この工程がラストチャンスとなるため、「出荷」に影響があるような「バグ」は、すべて叩き出しておかねばなりません。

「テスト項目表」をただ消化すればよい、というものではないので、「テスター」の「アサイン」も、適切な要員にすることが重要です。

■「バグ曲線」が横に「寝ない」理由

「開発」が終了しているにも拘わらず、"「バグ曲線」が「寝ない」"という現象について考えてみます。

現象①：
　「開発」後半から「バグ」が出始め、「グラフ」が「右肩上がり」になっており、「予想総バグ数」に到達していない。

....

現象①の原因：
　「上流工程」で、「バグ」を「摘出」できていないのが原因です。
　「テスト」工程で、想定以上の「バグ」が出ているということは、「品質」が悪いということです。
　「ソフトウェア」の「バグ」の8割は「レビュー」で見つかる、と言われています。
　「テスト」ですべての「バグ」が「摘出」できるわけもなく、まだまだ「バグ」が残っていると見るのが正解です。
　「品質」が「確保」できていない状態で工程を進めているので、「マネジメント」の問題です。

237

第1章　「品質」の高いコーディング

現象②:
　「開発」序盤は「バグ」が順調に「摘出」されているが、途中から「予想総バグ数」以上の「バグ」が出始め、「グラフ」が「右肩上がり」になっている。

....

現象②の原因:
　「予想総バグ数」よりも多くの「バグ」が出ている、ということに対しては、いくつか理由があって、「開発規模」が当初の見込みより増えている可能性があります。

　もともと、「見積もり」が甘かったか、「開発」中の「仕様変更」で「規模」が増えている、などが考えられます。

　当初の「見込み」より、「ソース・コード」の「ボリューム」が「増加」するのであれば、その分「バグ数」も増えるので、「予想総バグ数」を見直さないとなりません。

　「予想総バグ数」の「見直し」を行なわず、工程を進めているので、これも「マネジメント」の問題です。

　別の理由としては、「開発者」の「スキル」が不足していることで、「ソース・コード」の「品質」が低くなっており、想定以上の「バグ」が出てしまっている、というのもあります。

　要員の「スキル」を見誤っているので、これも「マネジメント」の問題です。

【7-1】 ソフトウェアの「品質」

■「品質」の高い「開発」をするためには

世間では偉い人を納得させるために、いろんな手を使って「バグ曲線を寝かせる」という、不毛な行為が行なわれているところもあり、「バグ曲線」そのものが「形骸化」してきているとも言えます。

とはいえ、日本人は世界でもっとも「品質」にうるさい民族であり、日本の「製品」は「グローバル」に対して、「高品質」が売りであることは事実です。

*

「開発者」としても心血注いで作った「製品」が、「品質」に自信をもちたい、という気持ちはあるはずです。

「品質」の高い「開発」をするためには、「開発者」自身が「スキル」を上げていくことに加えて、「マネジメント」も確実に実施していくことが大切です。

「マネジメント」は「PM」(プロジェクト・マネージャー) 1 人ができるものではなく、チーム全員で取り組まないと意味がないからです。

「開発」の進捗が遅れれば遅れるほど、「品質」が「確保」できずに先の工程に進んでしまうため、遅延しないようにしなければなりません。

また、どうしても「納期」に間に合わなさそうな場合は、日程変更の交渉をしていかないといけないのですが、ここも「マネジメント力」が試されるところです。

「開発」にもっとも時間がかかるのが、「品質」を「確保」することなので、「品質」をおざなりにして進めた「開発」は、いい結果には決してなりません。

チームメンバー 1 人 1 人が、「品質」を意識して仕事をしていけるかに委ねられています。

239

第/章 「品質」の高いコーディング

7-2 コンパイラの最適化対策

■ 7-2の概要

本節では、「コンパイラ」の「最適化対策」について説明します。

＊

通常、「アプリケーション開発」では、「デバッグ」時には「コンパイラ」の「最適化なし」で「ビルド」し、「リリース」時に「最適化あり」にして「ビルド」する、という手順を踏みます。

「Linuxカーネル」や「デバイス・ドライバ」の場合は、「最適化」を「有効」にしないといけない、という「ルール」があるため、最初から「最適化あり」の場合もあります。

＊

一般的に、「プログラム」は「最適化」すると「処理」が速くなる、という考えが広まっているため、よほどの事情がない限り、「最適化なし」で「製品」を「出荷」することはありません。

そして、「コンパイラ」の「最適化」を「する・しない」で「プログラム」の動きが変わるので、思わぬ「落とし穴」にはまることがあります。

■「最適化の有無」で「動作」が変わる

「開発」の現場ではときどき、「最適化をすると「プログラム」の「バグ」が出なくなる」というような不思議なセリフが登場することがあります。
これは、いったい、どういうことでしょうか。

結論から言うと、「プログラムにバグが残ったまま」となっており、「コンパイラ」の「最適化有無」で、その「バグ」が「顕在化」したり、しなかったりしているだけのことです。

ただし、「組み込み系」では「コンパイラ」の「最適化処理」に「バグ」があることもあります。

240

[7-2] コンパイラの最適化対策

　しかし、世の中広く使われている「コンパイラ」であれば、最近はそれほど「コンパイラ」の「バグ」に「ヒット」することは少なくなってきました。

＊

　「コンパイラ」には「バグ」がない、という前提として、「プログラム」にどんな「バグ」があると、「コンパイラ」の「最適化有無」で「動作」が変わるかというと、

　　　・どこかで「メモリ」を壊している
　　　・「変数」に「volatile」を付け忘れている

といったところが原因です。

　具体的な例を見てみましょう。

＊

　下記の、「サンプル・コード」では、意図的に「strcpy関数」で**バッファ・オーバーフロー**させており、「buf配列」(8バイト)に「9バイト」の「データ」を書き込んでいます。

　「"8"」の直後には「¥0」が含まれています。

　これは明らかに「バグ」で、「変数n」の「値」が壊れるのですが、「最適化有無」で「バグ」の「顕在化有無」も変わります。

[membug.c]

```c
#include <stdio.h>
#include <string.h>

int main(void)
{
    int n = 0xffffffff;
    char buf[8];

    strcpy(buf, "12345678");
    printf( "%d(0x%x)¥n" , n, n); // いくつになるか？
    printf("&n = %p¥n", &n);
    printf("buf = %p¥n", buf);

    return 0;
}
```

241

| 第1章 | 「品質」の高いコーディング |

実行結果

```
↓最適化なしだと、変数nの末尾1バイトが¥0で書き潰される。
# cc -O0 -Wno-stringop-overflow membug.c
# ./a.out
-256(0xffffff00)
&n = 0x7ffde1cd65cc
buf = 0x7ffde1cd65c4

↓最適化ありだと、問題ない。
# cc -O2 -Wno-stringop-overflow membug.c
# ./a.out
-1(0xffffffff)
&n = 0x7ffe70228474
buf = 0x7ffe70228478
```

　「最適化あり」で「バグ」で「変数n」が壊れないのは、「buf配列」の「スタック」上への「配置」が「メモリ」の「上位」へ行なわれるようになっているからです。

　そのため、「buf配列」より「上位」方向には、他の「変数」が「配置」されていないので壊すことがない、ということです。

　とはいえ、「バッファ・オーバーフロー」している、という「バグ」は残存しているので、適切に「修正」しておく必要があります。

■「グローバル変数」の「共有化」

　「シグナル・ハンドラ」や「マルチ・スレッド」で、「グローバル変数」を「共有」する場合、「コンパイラ」の「最適化」の有無で、「期待動作」をしないことがあります。

＊

　以下に、「サンプル・コード」を示します。

＊

　「グローバル変数」(g_signal_caught)が「定義」されており、「main関数」では「whileループ」で「判定」に使っており、「シグナル・ハンドラ」で「値」を書き換えています。

[7-2] コンパイラの最適化対策

[global.c]

```c
#include <stdio.h>
#include <string.h>
#include <signal.h>
#include <unistd.h>

#define MY_SIGNAL SIGUSR1

int g_signal_caught;

void sample_signal_handler(int num)
{
    g_signal_caught = 1;
    write(1, "IEEE¥n" , 5);
}

int main(void)
{
    struct sigaction sig;
    int ret;

    // シグナルハンドラの登録
    memset(&sig, 0, sizeof(sig));
    sig.sa_handler = sample_signal_handler;
    ret = sigaction(MY_SIGNAL, &sig, NULL);

    while (g_signal_caught == 0)
        ;

    printf("hello, world.¥n");

    return 0;
}
```

「main関数」で「ループ」に入りますが、「プロセス」に「シグナル」(SIGUSR1)を送信すると、「ループ」を抜ける、という「動作」になるはずです。

しかし、「コンパイラ」の「最適化」を「有効」にすると、実際には期待通りに動きません。

243

第1章 「品質」の高いコーディング

実行結果

↓最適化しない場合、プロセスにシグナルを送るとループを抜けてくる。
```
# cc -O0 global.c && ./a.out
IEEE
hello, world.

# ps -ef | grep a.out
yutaka      3614    2396 97 16:12 pts/2      00:00:08 ./a.out
yutaka      3616    2540  0 16:12 pts/0      00:00:00 grep
 --color=auto a.out
# kill -USR1 3614
```

実行結果

↓最適化すると、プロセスにシグナルを送ってもループを抜けてこない。
```
# cc -O2 global.c && ./a.out
IEEE

# ps -ef | grep a.out
yutaka      3622    2396 99 16:12 pts/2      00:00:02 ./a.out
yutaka      3624    2540  0 16:12 pts/0      00:00:00 grep
--color=auto a.out
# kill -USR1 3622
```

　「コンパイラ」の「最適化」に「バグ」があるというわけではなく、これは正常な「動作」になります。

＊

　以下の「whileループ」は、「main関数」の中では「g_signal_caught変数」が登場しません。

　「コンパイラ」は「ループ」を回すたびに「変数がゼロかどうか」を「判定」することが無駄であると考えます。

```
    while (g_signal_caught == 0)
        ;
```

244

[7-2] コンパイラの最適化対策

そこで、次のように「コード」を書き換えます。

「変数」が「ゼロ」かどうかを「初回だけ」にして、後は「無限ループ」にしてしまえば、「処理」が速くなるからです。
「コンパイラ」の「最適化処理」としては正しいです。

しかし、実際には「シグナル・ハンドラ」の中で「変数」が更新されるので、以下の「コード」に変換するのは期待外となります。

```
if (g_signal_caught == 0) {
    while (1)
        ;
}
```

＊

「アセンブラ」の「コード」を見て、本当にそうなっているのか確認してみましょう。

「コンパイル・オプション」に「-S」を付けると、「アセンブラ・コード」を「出力」することができます。

＊

以下は、「最適化なし」の「コード」からの抜粋です。

[global_OO.s]

```
.L4:
    ↓変数の内容をEAXに代入
    movl    g_signal_caught(%rip), %eax
    ↓EAXがゼロかどうか確認
    testl   %eax, %eax
    ↓EAXがゼロなら .L4からやり直し
    je  .L4
    ↓printf(puts)関数で文字列を出力する
    movl    $.LC2, %edi
    call    puts
```

＊

245

第1章 「品質」の高いコーディング

以下は、「最適化あり」の「コード」からの抜粋です。

[global_02.s]

```
.L4:
    ↓変数の内容をEAXに代入
    movl    g_signal_caught(%rip), %eax
    ↓EAXがゼロかどうか確認
    testl   %eax, %eax
    ↓EAXがゼロでなければ.L11へ飛ぶ
    jne .L11
    ↓EAXがゼロの場合、次行へ。
.L10:
    ↓.10へ飛ぶ(つまり無限ループ)
    jmp .L10
.L11:
    ↓printf(puts)関数で文字列を出力する
    movl    $.LC2, %edi
    call    puts
```

「コンパイラ」の「最適化」を「有効」にした場合においても、「開発者」が期待した「動作」にするには、「グローバル変数」に「**volatile**」を付けることが正しい対処方法となります。

「volatile」を付けると、その「変数」に対する「最適化」が「抑止」されます。

[global2.c]

```
volatile int g_signal_caught;
```

以上のように、「C言語」で書かれた「プログラム」が期待通りに「動作」しない場合、「アセンブラ・レベル」で動きを調べていく必要も、ときにはあります。

246

第 **8** 章

C89,C99,C11, C17の違い

8章では、「C言語」の「規格」である「C89」「C99」「C11」「C17」に関して、それぞれの「仕様」の違いをピックアップして紹介していきます。

第**8**章　C89,C99,C11, C17の違い

8-1　　　C89,C99,C11,C17の違い

　本節では、「C言語」の「規格」である「C89」「C99」「C11」「C17」の違いを説明します。

　「C11」の次の規格である「C17」については、「C11」の「バグ修正」という位置づけになっており、「C11」からの「機能」追加はありません。

　「C17」は、「ANSI」から「INCITS/ISO/IEC 9899:2011[R2017]」という規格で購入できます。

■「コンパイラ」の「動作モード」

　「C言語」の規格で新しい仕組みが導入されていますが、すでに**「コンパイラ」による「独自拡張」**で、同様の仕組みをサポートしている場合もあります。

　たとえば、**「//コメント」**は、「gcc」では「C99」が策定される前から使えていました。

　もともと、「//コメント」は「C++」で採用されたもので、「gcc」では独自に「C言語」にも「適用」できるようにしていました。

　したがって、今、使っている「コンパイラ」が、「C言語」の規格のどれで動作しているのか、ということを押さえておく必要があります。

＊

　「gcc」では「-ansi」および「-std=」オプションで、「コンパイラ」をどの規格にしたがって動作させるかを、「制御」できるようになっています。

＊

　デフォルトの「動作モード」については、「gcc」のマニュアルの「2.1 C Language」に記載があります。

　「gcc 8.1」の場合は「gnu11」という、「ISO 2011 C」と「gcc拡張」を合わせたモードがデフォルトとなっています。

[8-1] C89,C99,C11,C17 の違い

なお、この「ISO 2011 C」というのは、「C11」のことです。

つまり、デフォルトで最新の規格に沿ったプログラミングができる、ということになります。

---

gccマニュアル
https://gcc.gnu.org/onlinedocs/

gcc 8.1のマニュアル(PDF)
https://gcc.gnu.org/onlinedocs/gcc-8.1.0/gcc.pdf

＊

[2.1 C Language]

```
The default, if no C language dialect options are given, is
 '-std=gnu11' .
```

以下に、「gcc 8.1」がサポートしている「-ansi」および「-std=」オプションを示します。

これは、「gcc -v --help」の「実行結果」から「抽出」しています。
「**C89規格**」にする場合は「-std=c89」、
「**C99規格**」にする場合は「-std=c99」。
「**C11規格**」にする場合は「-std=c11」を、指定すればいいです。

```
  -ansi                 A synonym for -std=c89 (for C) or
-std=c++98 (for C++).

  -std=c90              Conform to the ISO 1990 C standard.
  -std=c89              Conform to the ISO 1990 C standard.
 Same as -std=c90.
  -std=iso9899:1990     Conform to the ISO 1990 C standard.
  Same as -std=c90.
  -std=iso9899:199409   Conform to the ISO 1990 C standard
as amended in 1994.

  -std=c99              Conform to the ISO 1999 C standard.
```

第8章　C89,C99,C11, C17の違い

```
  -std=c9x              Deprecated in favor of -std=c99.
 Same as -std=c99.
  -std=iso9899:1999     Conform to the ISO 1999 C standard.
  Same as -std=c99.
  -std=iso9899:199x     Deprecated in favor of -std=iso9899
:1999.  Same as -std=c99.

  -std=c11              Conform to the ISO 2011 C standard.
  -std=c1x              Deprecated in favor of -std=c11.
 Same as -std=c11.
  -std=iso9899:2011     Conform to the ISO 2011 C standard.
  Same as -std=c11.

  -std=c17              Conform to the ISO 2017 C standard
(expected to be published in
  -std=c18              Conform to the ISO 2017 C standard
(expected to be published in
  -std=iso9899:2017     Conform to the ISO 2017 C standard
(expected to be published in
  -std=iso9899:2018     Conform to the ISO 2017 C standard
(expected to be published in

  -std=gnu90            Conform to the ISO 1990 C standard
with GNU extensions.
  -std=gnu89            Conform to the ISO 1990 C standard
 with GNU extensions.  Same as -std=gnu90.
  -std=gnu99            Conform to the ISO 1999 C standard
with GNU extensions.
  -std=gnu9x            Deprecated in favor of -std=gnu99.
 Same as -std=gnu99.
  -std=gnu11            Conform to the ISO 2011 C standard
with GNU extensions.
  -std=gnu1x            Deprecated in favor of -std=gnu11.
 Same as -std=gnu11.
  -std=gnu17            Conform to the ISO 2017 C standard
(expected to be published in
  -std=gnu18            Conform to the ISO 2017 C standard
 (expected to be published in

  -std=c++98            Conform to the ISO 1998 C++ standard
revised by the 2003
  -std=c++03            Conform to the ISO 1998 C++ standard
```

[8-1] C89,C99,C11,C17 の違い

```
revised by the 2003
 -std=gnu++98           Conform to the ISO 1998 C++ standard
revised by the 2003
 -std=gnu++03           Conform to the ISO 1998 C++ standard
revised by the 2003

 -std=c++11             Conform to the ISO 2011 C++ standard.
 -std=c++0x             Deprecated in favor of -std=c++11.
 Same as -std=c++11.
 -std=gnu++11           Conform to the ISO 2011 C++ standard
with GNU extensions.
 -std=gnu++0x           Deprecated in favor of -std=gnu++11.
 Same as -std=gnu++11.
 -std=c++14             Conform to the ISO 2014 C++ standard.
 -std=c++1y             Deprecated in favor of -std=c++14.
 Same as -std=c++14.
 -std=gnu++14           Conform to the ISO 2014 C++ standard
with GNU extensions.
 -std=gnu++1y           Deprecated in favor of -std=gnu++14.
 Same as -std=gnu++14.
 -std=c++17             Conform to the ISO 2017 C++ standard.
 -std=c++1z             Deprecated in favor of -std=c++17.
Same as -std=c++17.
 -std=gnu++17           Conform to the ISO 2017 C++ standard
with GNU extensions.
 -std=gnu++1z           Deprecated in favor of -std=gnu++17.
 Same as -std=gnu++17.
 -std=c++2a             Conform to the ISO 2020(?) C++ draft
standard (experimental and
 -std=gnu++2a           Conform to the ISO 2020(?) C++ draft
standard with GNU extensions

 -std=f2003             Conform to the ISO Fortran 2003 standard.
 -std=f2008             Conform to the ISO Fortran 2008 standard.
 -std=f2008ts           Conform to the ISO Fortran 2008
standard including TS 29113.
 -std=f2018             Conform to the ISO Fortran 2018
standard.
 -std=f95               Conform to the ISO Fortran 95 standard.
 -std=gnu               Conform to nothing in particular.
 -std=legacy            Accept extensions to support legacy code.
```

第8章　C89,C99,C11, C17の違い

　最初に「コメント」の話をしましたが、実際に「コンパイラ」の「動作モード」で、「プログラムの動き」が変わることを確認します。

＊

　「C89」では、「//」が「コメント」と見なされないため、「/**/」の部分が削除されて、「n = 9/3」と解釈されます。

　反対に、「C99」では、「//」が「コメント」となるため、「n = 9」と解釈されます。

[comment.c]

```
/*
 * コメントの違い
 */
#include <stdio.h>

int main(void)
{
    int n;

    n = 9//**/3
        ;
    printf("%d¥n", n);

    return 0;
}
```

実行結果

```
# cc -std=c89 comment.c
# ./a.out
3
# cc -std=c99 comment.c
# ./a.out
9
```

252

[8-1] C89,C99,C11,C17 の違い

■C99

「C89」から「C99」での変化点は、以下のように多数あります。

＊

下記に示したものは一部であり、他にもあります。

- **ワイド文字**(wchar_t)ライブラリ
- **restrict ポインタ**
- 可変長配列
- long long int
- **暗黙の int** の廃止
- Unicode 文字(¥u, ¥U)
- 複合リテラル
- 指示初期化子
- シングルラインコメント(//)
- **暗黙の「関数宣言」**の廃止
- **「変数宣言」を任意の行で**行える
- **「マクロ」の「可変引数」**
- vscanf 系関数
- 「enum」の末尾に「カンマ」を付けられる
- inline 関数
- snprintf 系関数
- boolean 型
- __func__
- 「可変長構造体」の「配列サイズ・ゼロ」

●予約された「キーワード」

「文法」を「定義」するために使われている「キーワード」は、あらかじめ「コンパイラ」が「予約」しているため、「プログラミング」する際に、同名の「キーワード」を使うことはできません。

「C89」から「C99」になったことで、「予約」された「キーワード」も増えています。

> ※なお、「ヘッダ・ファイル」で「定義」されている「マクロ」や「typedef」に関しても、「C99」で大幅に増えていますが、これらは「予約」された「キーワード」ではないです。

253

第8章 C89,C99,C11, C17の違い

＊

以下は、「C89」の「予約」された「キーワード」です。

[C89の予約されたキーワード]

auto	double	int	struct
break	else	long	switch
case	enum	register	typedef
char	extern	return	union
const	float	short	unsigned
continue	for	signed	void
default	goto	sizeof	volatile
do	if	static	while

＊

次は、「C99」の「予約」された「キーワード」です。

増えたのは「inline」「restrict」「_Bool」「**_Complex**」「**_Imaginary**」です。
減ったものはありません。

[C99のキーワード]

auto	enum	restrict	unsigned
break	extern	return	void
case	float	short	volatile
char	for	signed	while
const	goto	sizeof	_Bool
continue	if	static	_Complex
default	inline	struct	_Imaginary
do	int	switch	
double	long	typedef	
else	register	union	

●新しい「データ型」

「C99」では新しい「データ型」として、「long long int」と「_Bool」が増えています。

＊

「long long int」は、「long int」(4バイト)よりも大きい「数値」である「8バイト」(64ビット)が扱える「データ型」として、新設されました。
「32bit環境」においても、「8バイト」を扱うことができるので、便利です。

254

[8-1] C89,C99,C11,C17 の違い

ただし、「64bit環境」では「long int」と「long long int」は、同じ「8バイト」になるため、有り難みはないです。

＊

「_Bool」は「ブーリアン型」で、実体としては「数字」の「0」または「1」を保持することができます。

＊

以下に、「サンプル・コード」を示します。

[int_type.c]

```c
#include <stdio.h>
#include <stdbool.h>

int main(void)
{
    long long int val;
    _Bool a, b;

    // long long int型
    val = ((long long)1 << 32);
    printf("%lld(%llx)¥n", val, val);

    // ブール型
    a = true;
    b = false;
    printf("%d %d¥n", a, b);

    return 0;
}
```

実行結果

. . . .
```
4294967296(100000000)
1 0
```

●「関数名」の取得

「デバッグ用途」として「__FILE__」と「__LINE__」を使って、「ソース・ファイル名」と「行番号」を取得できます。

255

第8章　C89,C99,C11, C17の違い

しかし、これには、**(a)**「関数名」が分からないことと、**(b)**「ソース・ファイル」の内容が変更されると「行番号」が合わなくなる、という問題がありました。

そこで、「C99」では、「__func__」という「識別子」が追加され、「関数名」が「文字列リテラル」で取れるようになりました。

[func.c]

```
#include <stdio.h>

void sub(void)
{
    printf( "%s %d¥n" , __FILE__, __LINE__);
    printf( "%s¥n" , __func__);
}

int main(void)
{
    sub();

    return 0;
}
```

実行結果

```
func.c 8
sub
```

●複合リテラル

「**複合リテラル**」(Compound literals)というのは、「配列」や「構造体」を「リテラル」として生成できる仕組みです。

＊

以下に、「**サンプル・コード**」を示します。

「C89」では「配列」と「ポインタ」に分けて「定義」するしかありませんでしたが、「複合リテラル」を使うと、「１行」で記述できます。

256

[8-1] C89,C99,C11,C17 の違い

[comp_literal.c]

```c
#include <stdio.h>

int main(void)
{
    // 配列とポインタ
    int s[] = {2, 4};
    int *sp = s;
    // 複合リテラル
    int *p = (int []){2, 4};

    printf("%d %d\n", sp[0], sp[1]);
    printf("%d %d\n", p[0], p[1]);

    return 0;
}
```

実行結果

```
2 4
2 4
```

                                    ＊
　「**複合リテラル**」という名前から一見して、「静的領域」に「確保」されるイメージがありますが、「定義」する場所によって変わります。

　「グローバル変数」で使えば「静的領域」になりますし、「関数」内であれば「スタック領域」に「確保」されます。

　特に気をつけないといけないのは、「関数」内で戻る際に、"「スタック領域」に「確保」された「複合リテラル」を「返り値」にすることはできない"ということです。

                                    ＊
　実際に、「サンプル・コード」で検証してみます。

　プログラムの「マッピング情報」を確認したいので、プログラムの最後で「getchar関数」を呼び出し、「キー入力待ち」にしています。

257

第8章 C89,C99,C11, C17の違い

[comp_literal2.c]

```c
#include <stdio.h>

// 複合リテラル（グローバル変数）
int *g_p = (int []){1, 3};

int *sub(void)
{
    // 複合リテラルを返す(?)
    return (int []){0, 9};
}

int main(void)
{
    // 複合リテラル（ローカル変数）
    int *p = (int []){2, 4};
    int *q;

    printf("g_p %p p %p¥n", g_p, p);

    q = sub();
    printf("%p %d %d¥n", q, q[0], q[1]);

    getchar();

    return 0;
}
```

実行結果

. . . .

```
# /a.out
g_p 0x601030 p 0x7fffbbf6d198
0x7fffbbf6d178 0 9
（キー入力待ち）
```

*

「グローバル変数」(g_p)のアドレスが、「0x601030」であることから、「objdumpコマンド」の結果と照らし合わせせます。

すると、「**VMA**」（**Virtual Memory Address**）と「**LMA**」（**Load Memory Address**）が「0x601028」からとなっているため、「**dataセクション**」（静的領

258

域)に「配置」されていることが分かります。

　通常、「VMA」と「LMA」は同じ「アドレス」になっていますが、「VMA」は「プログラムが実行されるときのアドレス」を示し、「LMA」は「プログラムが「格納」されるアドレス」を示します。

実行結果

```
# objdump -h ./a.out

./a.out:       ファイル形式 elf64-x86-64

セクション :
Idx Name          Size      VMA
LMA               File off  Algn
 22 .data         00000018  0000000000601028
0000000000601028  00001028  2**3
                  CONTENTS, ALLOC, LOAD, DATA
 23 .bss          00000008  0000000000601040
0000000000601040  00001040  2**0
                  ALLOC
```

＊

次に、「**マッピング情報**」(/proc/PID/maps) を見ます。

＊

「ローカル変数」(p)の「アドレス」が「**0x7fffbbf6d198**」なので、[stack]の箇所に該当します。

　つまり、「スタック領域」です。

＊

「sub関数」の「返り値」に「複合リテラル」を指定していますが、「返り値」の「アドレス」が「**0x7fffbbf6d178**」であることから、こちらもやはり「スタック領域」となります。

　「実行結果」を見ると、たまたま期待通りに動いているように見えますが、「スタック領域」は、「関数内のみ有効」であるため、この「コード」には問題があります。

第8章　C89,C99,C11, C17の違い

実行結果

```
# ps -ef | grep a.out
yutaka    2574    1971  0 17:26 pts/0    00:00:00 ./a.out
yutaka    2576    2169  0 17:28 pts/1    00:00:00 grep
--color=auto a.out
# cat /proc/2574/maps
00400000-00401000 r-xp 00000000 fd:00 1048466
/home/yutaka/src/a.out
00600000-00601000 r--p 00000000 fd:00 1048466
/home/yutaka/src/a.out
00601000-00602000 rw-p 00001000 fd:00 1048466
/home/yutaka/src/a.out
01e86000-01ea7000 rw-p 00000000 00:00 0   [heap]
7fb1744e0000-7fb174695000 r-xp 00000000 fd:00 1453368
/usr/lib64/libc-2.27.so
7fb174695000-7fb174895000 ---p 001b5000 fd:00 1453368
/usr/lib64/libc-2.27.so
7fb174895000-7fb174899000 r--p 001b5000 fd:00 1453368
/usr/lib64/libc-2.27.so
7fb174899000-7fb17489b000 rw-p 001b9000 fd:00 1453368
/usr/lib64/libc-2.27.so
7fb17489b000-7fb17489f000 rw-p 00000000 00:00 0
7fb17489f000-7fb1748c4000 r-xp 00000000 fd:00 1453181
/usr/lib64/ld-2.27.so
7fb174aab000-7fb174aad000 rw-p 00000000 00:00 0
7fb174ac4000-7fb174ac5000 r--p 00025000 fd:00 1453181
/usr/lib64/ld-2.27.so
7fb174ac5000-7fb174ac6000 rw-p 00026000 fd:00 1453181
/usr/lib64/ld-2.27.so
7fb174ac6000-7fb174ac7000 rw-p 00000000 00:00 0
7fffbbf4d000-7fffbbf6f000 rw-p 00000000 00:00 0   [stack]
7fffbbf9a000-7fffbbf9d000 r--p 00000000 00:00 0   [war]
7fffbbf9d000-7fffbbf9f000 r-xp 00000000 00:00 0   [vdso]
ffffffffff600000-ffffffffff601000 r-xp 00000000 00:00 0
[vsyscall]
```

[8-1] C89,C99,C11,C17 の違い

●「可変長配列」と「sizeof」

「配列」の「サイズ」は、「コンパイル」時に決めておく必要がありました。

しかし、「C99」ではプログラムの実行時に「動的」に決めることができるようになりました。

このような「配列」のことを、「可変長 配列」と言います。

実行時に「スタック領域」の「消費サイズ」が決まるので、プログラムを「スタック・オーバーフロー」にならないように「設計」しておく必要があります。

また、それにともない、「sizeof演算子」の結果も、「可変長配列」に対してはプログラムの実行時に決まります。

プログラムの「品質」面では、「コンパイル」時にすべて決まっていたほうが、「クロス・チェック」しやすいので、開発の現場によっては、「使用禁止」になっているところもあります。

[var_sizeof.c]

```c
#include <stdio.h>
#include <stdlib.h>

size_t sub(int n)
{
    char buf[n*2];    // 可変長配列

    return sizeof(buf);
}

int main(int argc, char **argv)
{
    if (argc == 2) {
        size_t ret = sub(atoi(argv[1]));
        printf("%u\n", ret);
    }

    return 0;
}
```

261

第8章　C89, C99, C11, C17の違い

```
実行結果
```
・・・
```
#  ./a.out 10
20
```

●「列挙型」の「カンマ」

　「列挙型」の「識別子」を「定義」するとき、最後に「カンマ」を付けられるようになりました。

　細かい「仕様」変更ではありますが、これも「C89」と「C99」の違いです。

[enum.c]

```c
#include <stdio.h>

int main(void)
{
    enum season {
        SPRING,
        SUMMER,
        AUTUMN,
        WINTER,   /*カンマを付けられる*/
    };

    return 0;
}
```

● restrict ポインタ

　「ポインタ」の「修飾子」として、「restrict」が新設されました。

　「ポインタ」の指し示す「メモリ領域」が、どことも「重複」していない場合、「restrict」を「修飾子」として付けることで、「コンパイラ」の「最適化」に効果があります。

　プログラムの動作としては、「修飾子」を付けようが、付けまいが変わりません。

＊

　「C99」で「定義」されている「標準ライブラリ」の「関数プロト・タイプ」で、

[8-1] C89,C99,C11,C17 の違い

「ポインタ」に「restrict修飾子」が付けられるようになりました。

たとえば、「memcpy関数」だと、以下のようになっています。

```c
#include <string.h>
void *memcpy(void * restrict s1,
    const void * restrict s2,
    size_t n);
```

●インライン関数

「関数」を「インライン(inline)定義」しておくと、「コンパイル」時に、「関数呼び出し」ではなく、「関数」の「実体」を直接埋め込むようにすることができ、「呼び出し」にかかる「オーバー・ヘッド」をなくすことができます。

これを、「**関数のインライン展開**」と言います。

これは、「処理」を「高速化」したい場合に有効ですが、「関数」の「コード」が展開されるので、"プログラムの「サイズ」が大きくなる"という欠点もあります。

＊

また、「関数」は必ずしも「インライン展開」されるわけでなく、「コンパイラ」任せとなります。

たとえば、「関数」が「再帰呼び出し」を行なっている場合は、「インライン展開」されません。

さらに、「コンパイラ」の「最適化」を「有効」にしないといけない、といった、条件も必要です。

「gcc」の場合、

```
「-finline-functions-called-once」
「-finline-small-functions」
「-finline-functions」
「-fno-inline」
```

第8章　C89,C99,C11, C17の違い

といった、「インライン展開」に関する「オプション」が用意されており、「最適化なし」(-O0)の場合は「-fno-inline」が指定されるので、「インライン展開」はされません。

＊

　以下に、「サンプル・コード」を示します。

　「関数」が実際に「インライン展開」されているかどうかは、「アセンブル・コード」を見て確認する必要があります。

　「gcc」に「-S」オプションを付けると、「ソースファイル.s」という名前の「ファイル」が生成され、「アセンブル・コード」を確認することができます。

＊

　以下の「実行結果」では、「最適化」をしていないので、「インライン展開」されず、「関数呼び出し」になっていることが分かります。

[inline.c]

```c
#include <stdio.h>

inline void sub(void)
{
    printf( "%s¥n" , __func__);
}
extern void sub(void);

static inline void sub2(void)
{
    printf( "%s¥n" , __func__);
}

int main(void)
{
    sub();
    sub2();

    return 0;
}
```

[8-1] C89,C99,C11,C17 の違い

実行結果

```
# cc -S inline.c
```

[inline.s]

```
main:
.LFB2:
    .loc 1 18 1
    .cfi_startproc
    pushq  %rbp
    .cfi_def_cfa_offset 16
    .cfi_offset 6, -16
    movq   %rsp, %rbp
    .cfi_def_cfa_register 6
    .loc 1 19 2
    call   sub        ★関数呼び出し
    .loc 1 20 2
    call   sub2       ★関数呼び出し
    .loc 1 22 9
    movl   $0, %eax
    .loc 1 23 1
    popq   %rbp
    .cfi_def_cfa 7, 8
    ret
    .cfi_endproc
```

●指示初期化子 (designated initializer)

「配列」や「構造体」を「初期化」する際に、原則「全メンバー」に対して「初期値」を設定する必要がありました。

しかし、「C99」では「特定のメンバーに対してのみ初期値を設定」できるようになりました。

*

以下に、「サンプル・コード」を示します。

*

「構造体変数」を「初期化」する際に、「メンバーx」と「z」のみを「初期化」しています。

265

第8章 C89,C99,C11, C17の違い

残りの「メンバーy」は、暗黙に、「ゼロ」で「初期化」されます。

また、「初期化子」を記述する「順番」も、任意でいいです。

[initial.c]

```
#include <stdio.h>

struct data {
     int x;
     int y;
     int z;
};

int main(void)
{
     struct data n = {
             .z = 9,
             .x = 1,
     };

     printf( "%d %d %d¥n" , n.x, n.y, n.z);

     return 0;
}
```

実行結果
....
```
1 0 9
```

●forループ

「C89」では、「変数」の「宣言」は「ブロック」({})の先頭でしかできませんでしたが、「C99」では「任意の場所」でできるようになりました。

また、「forループ」の「初期化部」においても、「変数宣言」ができるようになっており、「forループ」の中でのみ「有効」となります。

*

以下に、「サンプル・コード」を示します。

「forループ」の外で「定義」した「変数」と同名にしてありますが、外にある

[8-1] C89,C99,C11,C17 の違い

「変数」の「値」は、書き換わっていません。

[for.c]

```c
#include <stdio.h>

int main(void)
{
    int i = 100;

    printf( "local i %d¥n" , i);
    for (int i = 0 ; i < 3 ; i++) {
        printf( "loop i %d¥n" , i);
    }
    printf( "local i %d¥n" , i);

    return 0;
}
```

実行結果

```
local i 100
loop i 0
loop i 1
loop i 2
local i 100
```

●ヘッダ・ファイル

「C99」では、「標準ライブラリ」の「機能」が増えているため、「ヘッダ・ファイル」も増えています。

増えたのは、「complex.h」「fenv.h」「inttypes.h」「iso646.h」「stdbool.h」「stdint.h」「tgmath.h」「wchar.h」「wctype.h」です。

[C89のヘッダ・ファイル]

```
<assert.h>    <locale.h>    <stddef.h>
<ctype.h>     <math.h>      <stdio.h>
<errno.h>     <setjmp.h>    <stdlib.h>
<float.h>     <signal.h>    <string.h>
<limits.h>    <stdarg.h>    <time.h>
```

第8章 C89,C99,C11, C17の違い

[C99のヘッダ・ファイル]

```
<assert.h>      <inttypes.h>     <signal.h>       <stdlib.h>
<complex.h>     <iso646.h>       <stdarg.h>       <string.h>
<ctype.h>       <limits.h>       <stdbool.h>      <tgmath.h>
<errno.h>       <locale.h>       <stddef.h>       <time.h>
<fenv.h>        <math.h>         <stdint.h>       <wchar.h>
<float.h>       <setjmp.h>       <stdio.h>        <wctype.h>
```

●代替スペル

「C99」では「**代替スペル**」(Alternative spellings)と言う仕組みが導入されており、「演算子」を置き換える「マクロ」が「定義」されています。

*

以下に示す「マクロ」を使う場合は、「iso646.h」を「include」する必要があります。

これらの「マクロ」は「C++」の「定義」されている「機能」で、それを「C言語」に「仕様」として「バック・ポート」されたものとなります。

[C99の演算子を置き換えるマクロ]

マクロ	演算子
and	&&
and_eq	&=
bitand	&
bitor	|
compl	~
not	!
not_eq	!=
or	||
or_eq	|=
xor	^
xor_eq	^=

*

268

[8-1] C89,C99,C11,C17 の違い

以下に、「サンプル・コード」を示します。

実際には、この「機能」を積極的に使う現場はないです。

素直に「演算子」を使ったほうが分かりやすいことと、そもそもこのような「機能」があることを知らない開発者が多いからです。

[alt_spell.c]

```c
#include <stdio.h>
#include <iso646.h>

int main(void)
{
    int val = 0xdeadbeef, mask = 0xff;
    int n;

    /* (1)と(2)は等価である */

    // (1)
    n = val & mask;
    n &= mask;
    n = n & mask;
    n = n | mask;
    n = ~mask;
    n = !mask;
    n != mask;

    // (2)
    n = val bitand mask;
    n and_eq mask;
    n = n bitand mask;
    n = n bitor mask;
    n = compl mask;
    n = not mask;
    n not_eq mask;

    return 0;
```

第8章　C89,C99,C11, C17の違い

```
実行結果
```

```
# cc -P -E alt_spell.c
int main(void)
{
 int val = 0xdeadbeef, mask = 0xff;
 int n;
 n = val & mask;
 n &= mask;
 n = n & mask;
 n = n | mask;
 n = ~mask;
 n = !mask;
 n != mask;
 n = val & mask;
 n &= mask;
 n = n & mask;
 n = n | mask;
 n = ~ mask;
 n = ! mask;
 n != mask;
 return 0;
}
```

●snprintf系関数

　「C89」では、「sprintf系関数」が用意されており、「バッファ」に「書式付き指定」で「文字列」を「格納」することができました。

　しかし、「ライブラリ」側で「バッファ・オーバーフロー」を防ぐ仕組みがなかったため、「関数」を使う側で「バッファ・サイズ」に注意を払う必要がありました。

　そこで、「C99」では、「ライブラリ」側で「バッファ・オーバーフロー」のチェックができる「snprintf系関数」が新設されました。

＊

以下は、「sprintf関数」と「snprintf関数」の「宣言」です。

　「snprintf関数」の「関数宣言」では、「バッファ」(s)の「最大サイズ」を示す、

270

[8-1] C89,C99,C11,C17 の違い

「第2引数」(n)が追加されていることが分かります。

「バッファ」は、必ず「ヌル終端」するので、最大で「(n-1)バイト」の「文字」が
書き込まれることになります。

```
int sprintf(char * restrict s,
            const char * restrict format, ...);

int snprintf(char * restrict s, size_t n,
             const char * restrict format, ...);
```
                                 ＊
「snprintf関数」以外にも、「vsnprintf関数」も新設されています。
                                 ＊
以下に、「サンプル・コード」を示します。

[snprintf.c]

```
#include <stdio.h>
#include <string.h>

void disp_buf(unsigned char *buf, int len)
{
    for (int i = 0 ; i < len ; i++) {
        printf( "%02x ", buf[i]);
    }
    printf( "¥n" );
}

int main(void)
{
    unsigned char buf[5];

    memset(buf, 'x' , sizeof(buf));
    disp_buf(buf, sizeof(buf));

    snprintf(buf, sizeof(buf), "abcdefg" );
    printf( "%s¥n" , buf);
    disp_buf(buf, sizeof(buf));

    return 0;
}
```

271

第8章 C89,C99,C11, C17の違い

```
実行結果
```

```
78 78 78 78 78
abcd
61 62 63 64 00
```

● 「可変長構造体」の「配列サイズ・ゼロ」

「C99」では、「構造体」の最後の「メンバー」が「配列」だった場合、その「配列」の「サイズ」を「ゼロ」にすることができます。

「サイズ・ゼロ」の配列のことを「不完全配列」(incomplete array)と呼びます。

この仕組みは、「可変長 構造体」を管理するときに便利で、その目的のために採用された仕組みです。

*

以下に、「サンプル・コード」を示します。

[zerosize.c]

```c
/*
 * 配列サイズゼロ
 */
#include <stdio.h>
#include <stdlib.h>

struct data {
    int len;    // size 4
    char dummy; // size 1
                // パディング 3
    char buf[]; // size 0
};

int main(void)
{
    const int max = 16;
    struct data *p;
    int s, s1, s2;

    s1 = sizeof(struct data); // 8
```

272

[8-1] C89,C99,C11,C17 の違い

```
    s2 = sizeof(char[max]); // 16
    s = s1 + s2; // 24
    printf("%d %d %d¥n", s1, s2, s);

    p = malloc(s);
    p->len = max;
    for (int i = 0 ; i < max ; i++) {
        p->buf[i] = 0;
    }
    free(p);

    return 0;
}
```

実行結果
. . . .

```
8 16 24
```

■C11

「C99」から「C11」での変化点は、以下のように多数あります。

下記に示したものは一部であり、他にもあります。

・マルチスレッドサポート

・アトミック操作

・アラインメントサポート

・Unicode文字

・ジェネリクス

・静的アサーション

・「無名構造体」と「共用体」

・戻らない「関数」の「定義」

・排他的オープンファイル

・「**gets関数**」の削除

・境界チェック

・解析性

273

第8章　C89,C99,C11, C17の違い

　ここで注意すべき点として、「gcc」が「C11」での「仕様」変更に、すべては対応していない、ということです。

＊

　以下のサイトに、「サポート状況」がまとめられています。

```
http://gcc.gnu.org/wiki/C11Status
```

＊

　原稿執筆時点で、「gcc」が未サポートの「機能」は以下の通りです。

　意外に未サポートの「機能」が多いですが、厳密には「glibc」が対応していないのが原因です。

＊

　代替手段として、「glibc」以外の「ライブラリ」(muslなど)を使うことになります。

・マルチスレッドサポート
・Unicode文字
・静的アサーション
・「gets関数」の削除
・排他的オープンファイル
・境界チェック
・解析性

●ヘッダ・ファイル

　「C11」では、「標準ライブラリ」の「機能」が増えているため、「ヘッダ・ファイル」も増えています。

　増加した「ヘッダ・ファイル」は、「stdalign.h」「stdatomic.h」「stdnoreturn.h」「threads.h」「uchar.h」です。

[8-1] C89,C99,C11,C17 の違い

[C99のヘッダ・ファイル]

```
<assert.h>     <inttypes.h>   <signal.h>     <stdlib.h>
<complex.h>    <iso646.h>     <stdarg.h>     <string.h>
<ctype.h>      <limits.h>     <stdbool.h>    <tgmath.h>
<errno.h>      <locale.h>     <stddef.h>     <time.h>
<fenv.h>       <math.h>       <stdint.h>     <wchar.h>
<float.h>      <setjmp.h>     <stdio.h>      <wctype.h>
```

[C11のヘッダ・ファイル]

```
<assert.h>     <math.h>       <stdlib.h>
<complex.h>    <setjmp.h>     <stdnoreturn.h>
<ctype.h>      <signal.h>     <string.h>
<errno.h>      <stdalign.h>   <tgmath.h>
<fenv.h>       <stdarg.h>     <threads.h>
<float.h>      <stdatomic.h>  <time.h>
<inttypes.h>   <stdbool.h>    <uchar.h>
<iso646.h>     <stddef.h>     <wchar.h>
<limits.h>     <stdint.h>     <wctype.h>
<locale.h>     <stdio.h>
```

●マルチ・スレッド

「C言語」で「マルチ・スレッド」を使う場合には、「pthreadライブラリ」を利用するのが定石となっていますが、「C11」でようやく「C言語」の「仕様」としてサポートされるようになりました。

しかしながら、「gcc」(+glibc)のサポートが完全ではないので、「フル機能」は使えません。

アトミック操作はサポートされているのですが、肝心の「スレッド」を「生成」する「機能」が使えないので、片手落ちとなっています。

現状では、「**pthreadライブラリ**」を利用するしかありません。

＊

以下に、「サンプル・コード」を示します。

第8章　C89,C99,C11, C17の違い

[c11_thread.c]

```c
/*
 * C11のマルチスレッドサポート
 */
#include <stdio.h>
#include <stdatomic.h>
#include <threads.h>
//#include "c11threads.h"

atomic_int g_val = ATOMIC_VAR_INIT(99);
const int ThreadMax = 5;

int *thread_sub(void *arg)
{
    int n = (int)(long)arg;

    // 変数をアトミックにインクリメントする
    atomic_fetch_add(&g_val, 1);

    printf("%s%d g_val %d¥n", __func__, n, g_val);
}

int main(void)
{
    int ret, i;
    thrd_t th[ThreadMax];

    printf("g_val %d¥n", g_val);
    printf("Thread start!¥n");
    // スレッドを生成する
    for (i = 0 ; i < ThreadMax ; i++) {
        ret = thrd_create(&th[i], (thrd_start_t)thread_sub,
(void*)(long)i);
        //printf("TH %d=%d¥n", i, ret);
    }

    //printf("g_val %d¥n", g_val);

    //printf("Thread waiting!¥n");
    // スレッドの終了を待つ
    for (i = 0 ; i < ThreadMax ; i++) {
        ret = thrd_join(th[i], NULL);
```

[8-1] C89,C99,C11,C17 の違い

```
        //printf("TH %d=%d¥n", i, ret);
    }
    printf("Thread end!¥n");

    printf("g_val %d¥n", g_val);

    return 0;
}
```

　実際に「コンパイル」すると、「threads.h」が存在しないので、「コンパイル・エラー」になります。

実行結果
. . . .
```
# cc c11_thread.c
c11_thread.c:6:10: 致命的エラー: threads.h: No such file or
directory
 #include <threads.h>
          ^~~~~~~~~~~
コンパイルを停止しました。
```

                                    ＊

　「threads.h」を自前の「処理」に置き換えて、プログラムを実行すると、以下のようになります。

実行結果
. . . .
```
g_val 99
Thread start!
thread_sub4 g_val 100
thread_sub3 g_val 101
thread_sub2 g_val 102
thread_sub1 g_val 103
thread_sub0 g_val 104
Thread end!
g_val 104
```

277

第8章　C89,C99,C11,C17の違い

●戻らない「関数」の「定義」

プログラムの「設計」にもよりますが、「関数」を呼び出した後で、「関数」の呼び出し元に戻らず、そのままプログラムを終了させることがあります。

そのような「関数」に、「識別子」を付けることができるようになりました。
もし「関数」内で「リターン」する「処理」があれば、「コンパイル」時に「警告」が出せるようになりました。

*

以下に、「サンプル・コード」を示します。

「関数sub」の先頭に「_Noreturn」という「キーワード」をつけています。

「関数」内で「return文」を意図的に入れてあるので、「コンパイル」時に「警告」が「出力」されます。

ただし、「コンパイル」自体は通るので、「実行プログラム」は「生成」されます。

[c11_noreturn.c]

```c
/*
 * C11の戻らない関数の定義
 */
#include <stdio.h>
#include <stdlib.h>
#include <stdnoreturn.h>

_Noreturn void sub(int n)
{
    printf("%s function can not return.\n", __func__);

    if (n == 0)
        return;
    exit(1);
}

int main(void)
{
    sub(0);
    printf("sub was returned.\n");
```

[8-1] C89,C99,C11,C17 の違い

⤸

```
    return 0;
}
```

実行結果

. . . .

```
# cc c11_noreturn.c
c11_noreturn.c: 関数 'sub' 内:
c11_noreturn.c:13:3: 警告: 'noreturn' と宣言されている関数が
'return' 文を持っています
    return;
    ^~~~~~
c11_noreturn.c:13:3: 警告: 'noreturn' 関数が戻り (return) ます
    return;
    ^
```

●アラインメント・サポート

「C11」では「**アラインメント**」(alignment) に関する「機能」がサポートされました。

「alignof()」を使うと、「変数」の「データ型」が、どの「バイト境界」に「配置」されるかが分かります。

「C言語」の「変数」の「サイズ」は、「仕様」で厳密には「規定」されておらず、「コンパイラ」に依存するため、「変数」の「バイト境界」も「コンパイラ依存」となっています。

*

「alignas()」を使うと、「変数」の「バイト境界」を変更することができます。

たとえば、「char型変数」は通常「1バイト境界」に「配置」されますが、それを「8バイト境界」に変更することができます。

> ※ただし、もともとの「バイト境界」より"小さくなる方向"には変更できません。
> たとえば、「int型変数」は通常「4バイト境界」に「配置」されますが、「1バイト境界」に「配置」することはできません。

279

第8章 C89,C99,C11, C17の違い

　こうした「アラインメント」に関する「機能」は、「組み込み開発」で威力を発揮します。

　「ハードウェア」の制約で、「変数」を指定した「バイト境界」に「配置」しなければならないことがあるからです。

＊

　以下に、「サンプル・コード」を示します。

[c11_align.c]

```
/*
 * C11のアラインメント
 */
#include <stdio.h>
#include <stdalign.h>

int main(void)
{
    char i;                 //1バイト境界
    alignas(8) char n;  //8バイト境界

    printf("%p %p¥n", &i, &n);

    // それぞれのデータ型のアラインメント
    printf("char %d¥n", alignof(char));
    printf("short %d¥n", alignof(short));
    printf("int %d¥n", alignof(int));
    printf("long %d¥n", alignof(long));
    printf("pointer %d¥n", alignof(void *));

    return 0;
}
```

実行結果

```
0x7ffe314a5d7f 0x7ffe314a5d78
char 1
short 2
int 4
```

[8-1] C89,C99,C11,C17 の違い

```
long 8
pointer 8
```

●「無名構造体」と「共用体」

「C11」では、「**無名構造体**」(anonymous structures)と「**無名共用体**」(anonymous unions)がサポートされました。

これは、「構造体」または「共用体」の「定義名」を、「省略」できる「機能」です。

*

以下に、「サンプル・コード」を示します。

[c11_anon_struct.c]

```c
/*
 * C11の無名構造体と共用体
 */
#include <stdio.h>

struct data {
    union {
        struct {
            char a;
            int b;
        }; // 無名構造体
        struct {
            char c;
            int d;
        } indata; // 普通の構造体
    }; // 無名共用体
    long n;
};

int main(void)
{
    struct data v;

    v.n = 1;
    v.a = 2;
    v.b = 3;
    v.indata.c = 4;
```

第8章　C89,C99,C11, C17の違い

```
        v.indata.d = 5;

        return 0;
}
```

●ジェネリクス

　「ジェネリクス」(Generics)というのは、「総称型」とも言い、「変数」の「データ型」のそれぞれに対して、共通の「処理」を行なうための仕組みです。

＊

「サンプル・コード」を見た方が早いでしょう。

　以下の、「サンプル・コード」では、「call_subマクロ」にさまざまな「データ型変数」を指定することで、「データ型」ごとに呼び出す「関数」を振り分けています。

　「マクロ」で「定義」している「_Generic」という「キーワード」が、「C11」で新しく追加されたものとなります。

[c11_generic.c]

```
/*
 * C11の型ジェネリクス
 */
#include <stdio.h>

#define call_sub(n) _Generic((n), ¥
            int: sub_int, ¥
            long: sub_long, ¥
            default: sub_any ¥
        )(n)

void sub_int(int val)
{
    printf("%s %d¥n", __func__, val);
}

void sub_long(long val)
{
    printf("%s %ld¥n", __func__, val);
}
```

[8-1] C89,C99,C11,C17 の違い

```c
void sub_any(char val)
{
    printf("%s %d¥n", __func__, val);
}

int main(void)
{
    int n = 0;
    long ln = 2;
    char cn = 5;

    call_sub(ln);
    call_sub(cn);
    call_sub(n);

    return 0;
}
```

実行結果

```
sub_long 2
sub_any 5
sub_int 0
```

あとがき

今から15年ほど前に、「C言語」の書籍を何冊か書いたことがあります。

当時の筆者はまだ20代前半で、「ITエンジニア」としては駆け出し。

業務経験と言っても「HP-UXデバイスドライバ」の開発ぐらいしか経験がなく、プロのプログラマーとして未熟でした。

*

その後、さまざまな「業務開発」を行ない、「ITエンジニア」として20年が経過しました。

「組み込みエンジニア」(ソフトウェア開発者)として、たくさんの人たちと一緒に仕事をしましたが、その過程で、いろいろと思うところがありました。

そこで、20年の開発の中で培ったノウハウをベースとして、もう一度、「C言語」の本を書いてみようと一念発起し、今回の本を執筆することになりました。

*

昔と違って、昨今はプロジェクトの「業務開発」が短納期であることが一般的となってきており、「ITエンジニアの人材育成をどうすればいいか」という課題があります。

昔は会社の先輩から「名著と言われるこの本を読んでおいてね」と言われて、自分で本を買ってきて職場の机に置いて、先輩といっしょに勉強しながらよく読んだものです。

しかし、現在では、本自体が絶版となって入手できなくなっており、新しい本もあまり出なくなっていることから、「自分でインターネットを使って調べて、勉強してね」というふうに、職場でいっしょに学ぶというより独学する方向に変わってきています。

*

本来は、ネットの情報や本の力に頼らず、組織の中で若手を育てていくのがあるべき姿です。

しかし、「予算削減による工数不足で部下を育成している暇がない」「開発を外注に丸投げしている」といった事情により、「ITエンジニア」の人材育成はできていないのが実態です。

*

プロとして仕事に取り組む以上、「ITエンジニア」は基本を押さえておく必要があります。

なぜなら、すべての応用は、基本の延長線上にあるからです。

今回の書籍で今一度、基本に戻り、「業務開発」を行なう上で有益な情報となれば幸いです。

2018年10月　平田 豊
金沢の秋晴れの空の下で

索 引

記号

-m32	214
-Wconversion	194
.so	62
// コメント	248
/dev/null	87
/etc/fstab	111
/proc/PID/fd	81
/usr/include	80
「_Complex」と「_Imaginary」	254

数字

2038年問題	200
「32bit」で「コンパイル」	17
「32bit」と「62bit」	188
「4GB」超え	190

アルファベット順

《A》

a.out	62
ACL	127
「addl」と「adcl」	192
addq	192
ANSI C	62
「ANSI C」の規格書	76
arch/x86/kernel/signal.c	153
ARM	14

《B》

bits/libio.h	195
bits/stat.h	207
bits/wordsize.h	201

《C》

C11	62,248
C17	248
C89	248
C99	248
CONFIG_MMU	128
CPU脆弱性	105
creat	127
C言語	9

《D》

data セクション	258
df コマンド	112
DMA転送	190

《E》

ext4	110

《F》

Fedora	8
fork	178
fork+exec	179
fs/cramfs/inode.c	129
fs/file_table.c	180
fs/jffs2/file.c	131
fs/namei.c	123,124

《G》

gcc	8
「gcc」による定義ずみ「マクロ」	201
gets関数	273
glibc	8

《H》

hello world.	9

《I》

include	10
include/linux/printk.h	98
include/uapi/linux/auto_dev-ioctl.h	39
include/uapi/linux/ip.h	35
inotify	126
ioctl	126
ioctl関数	208
ipcrm コマンド	158
ipcs コマンド	161
ISO	224
Itanium	188

《K》

kernel/printk/printk.c	98,99
kernel/time/hrtimer.c	152
kill コマンド	141

《L》

ldd	72
lib/string.c	59
Linux	8
「Linux カーネル」の「ソース・コード」	27
Linux ディストリビューション	8
lsmod コマンド	228

285

索 引

《M》

main 関数	9
Makefile	216
man 2 mmap	205
man 2 read	202
man 2 stat	207
man 3 fread	202
man ioctl	208
mem ドライバ	93
mknod	218
mm/slab.c	60
mmap	126
MSB	24

《N》

NULL	195

《O》

objdump	71

《P》

PC サーバ	110
Perl	42
PID	81
printf	10,76
printf デバッグ	88
pthread ライブラリ	275
puts 関数	90

《R》

「RAM」と「ROM」	36
read-modify-write	116
restrict ポインタ	253,262
return	10

《S》

scripts/checkstack.pl	43
SDRAM	112
SD カード	111
select および poll	125
SIGUSR1	139
「SIGSTOP」と「SIGCONT」	151,152
sizeof 演算子	189
「size_t」と「ssize_t」	202
SRPM	8
SSD	110
SSH	95
「stdin」「stdout」「stderr」	81
stdio.h	80
strace	91
systemd	87
SystemTap	182

《T》

time/localtime.c	178
tty コマンド	84
typedef	80

《U》

UI	225
USB メモリ	111

《V》

VFAT	110
VFS	93
Visual C++	16
「VMA」と「LMA」	258
volatile	246

《W》

WDT	116

《X》

x86	42
x86_64	42
xfs	110

五十音順

《あ》

あ	「アセンブラ」の「コード」	192
	アトミック操作	275
	アラインメント	279
	暗黙の「int」	253
	暗黙の「関数宣言」	253
い	一枚岩	227
	意味解析	63
	インライン関数	263
え	エスケープ・シーケンス	63,70
	エンディアン	34
お	オープンソース・ソフトウェア	227

《か》

か	カーネル・コンフィグレーション	210
	カーネル・パニック	228
	カーネル・メッセージ	217
	改行コード	63
	開発プロセス	231
	仮想化環境	8
	可変長引数	165
き	機械語	40
	揮発領域	114
	競技プログラミング	64
	「共有デバイス」の「mmap」	156

索 引

共有メモリ················156
共用体···················18,31
け 警告····················10
ゲストOS··················8
こ 構造体···················18,31
構文解析·················63
コーディング··············232
コーディング・スタイル·······11
コメント·················63,67
コメントアウト·············42
「コンパイラ」による「独自拡張」···248
コンパイル················62

《さ》

さ 最適化···················63
参照カウンタ···············178
し 字句解析·················63
シグナル·················139
シグナル・セーフ·············145
シグナル・ハンドラ···········139
システム・コール············89
システム・コールの再実行·······149
「システム」の「リソース」·······225
自動マウント··············39
ジャーナル・ログ···········217
ジャーナル機能············117
瞬停····················115
シングル・タスク············136
す スタック領域···············40
ストリーム················77
スリープ·················150
せ 整数拡張················193
セキュア・ブート···········218
セキュリティ脆弱性··········227
セクション番号············145
そ ソース・コード············62
ソフトウェア品質···········225
ソフトウェア割り込み·········139

《た》

た ターミナル・ソフト··········95
代替スペル················268
端末····················84
ち チェックサム··············120
て ディレクトリエントリ········125
デッド・ロック············145
デバイス・ドライバ··········62
デバイス・ファイル··········128
デバッグ・シンボル··········90
と 等号演算子················26
突然「電源」を落とす··········116
ヌル····················52

《は》

は ハードウェア割り込み·······139
排他制御·················136
バイト境界················31
バグ・ゼロ················227
バグ曲線·················229
バックグランド・デーモン······10
バッファ・オーバーフロー······241
パディング················210
ひ 非同期··················125
ふ ファームウェア············115
ファイル・システム··········110
ファイル・ハンドル··········81
不要な機能が「無効化」できない···226
プラグマ·················68
プリエンプティブ············148
プリプロセッサ·············63
「プログラム」が「強制終了」する···225
「プログラム」が「誤動作」する···225
「プログラム」の「デバッグ」·····62
「プログラム」の反応が遅い·····225
プロトタイプ宣言············12
へ 「変数宣言」を任意の行で·····253
ほ ポインタ·················16
補数····················21

《ま》

ま 「マクロ」の「可変引数」·····253
マッピング情報············259
マネジメント··············231
む 無限ループ···············81
無名構造体················281
め メモリ・リーク·············172
メンバー参照··············18
も モジュール···············232
文字列リテラル············63,70
元請け···················232

《や》

ゆ ユーザー空間··············10
「ユーザー」の生の声··········226

《ら》

り リブート················114
リング・バッファ············99
れ レビュー·················236

《わ》

わ ワイド文字···············253

■著者略歴

平田　豊（ひらた・ゆたか）

作成：金沢区地蔵堂さん
(http://4kure.zizodo.com/)

1976年兵庫県生まれ。石川県金沢在住。執筆活動歴は20年で、技術書13冊を上梓。
2004年にTera Termをオープンソース化。宿題メール（情報処理技術者試験メルマガ）の勉強会メンバー。2017年末に始動したインフラ勉強会（オンライン交流会）の発起人メンバー。組込みエンジニアフォーラム（E2F）の交流会運営メンバー。2018年3月にIT企業（20年勤務）を退職し、地元金沢にてフリーで活動中。

【著者ホームページ】
http://hp.vector.co.jp/authors/VA013320/

【主な著書】
「Linuxカーネル「ソースコード」を読み解く」
「Linuxカーネル解析入門[増補版]」
「Linuxカーネル解析入門」
「【改訂版】正規表現入門」
「正規表現入門」
「補講C言語」
「C言語のしくみ」・・・・・・・・・・・・・・・・・・・・・・・・・（以上、工学社）
「Linuxデバイスドライバプログラミング」・・・・・・・・（SBクリエイティブ）
「C言語 逆引き大全 500の極意」・・・・・・・・・・・・・・・・（秀和システム）
「Perlトレーニングブック」
「C言語トレーニングブック」
「平成15年度 ソフトウェア開発技術者 独習合格ドリル」
「これからはじめる Perl&CGI入門ゼミナール」・・・・・・・（以上、ソーテック社）

本書の内容に関するご質問は、
①返信用の切手を同封した手紙
②往復はがき
③FAX (03)5269-6031
　（返信先のFAX番号を明記してください）
④E-mail　editors@kohgakusha.co.jp
のいずれかで、工学社編集部あてにお願いします。
なお、電話によるお問い合わせはご遠慮ください。

サポートページは下記にあります。

［工学社サイト］
http://www.kohgakusha.co.jp/

I/O BOOKS

Linux技術者のためのC言語入門

2018年11月20日　第1版第1刷発行　　©2018
2018年12月15日　第1版第2刷発行

著　者　平田　豊
発行人　星　正明
発行所　株式会社工学社

〒160-0004　東京都新宿区四谷4-28-20 2F
電話　(03)5269-2041(代)［営業］
　　　(03)5269-6041(代)［編集］
振替口座　00150-6-22510

※定価はカバーに表示してあります。

印刷：シナノ印刷(株)

ISBN978-4-7775-2065-7